基本养老保险筹资机制优化研究

JIBEN YANGLAO BAOXIAN
CHOUZI JIZHI YOUHUA YANJIU

赵亮 ◎ 著

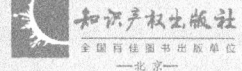

图书在版编目 (CIP) 数据

基本养老保险筹资机制优化研究 / 赵亮著 . —北京：知识产权出版社，2024.6
ISBN 978-7-5130-9322-4

Ⅰ . ①基… Ⅱ . ①赵… Ⅲ . ①养老保险制度—研究—中国 Ⅳ . ① F842.612

中国国家版本馆 CIP 数据核字（2024）第 053992 号

内容提要

本书结合我国国情，把基本养老保险筹资机制划分为筹资责任、筹资能力、筹资结构与筹资水平 4 个方面，分析其影响因素，并设计基本养老保险基金自平衡能力评价指标体系，以此为基础有针对性地提出优化路径。

本书涉及经济学、管理学、统计学等多学科相关知识，对养老保险相关政策进行较为细致的分析与研究，以期为积极应对老龄化、加强基本养老保险基金可持续性提供助力。

责任编辑：徐　凡　　　　　　　责任印制：孙婷婷

基本养老保险筹资机制优化研究

赵　亮　著

出版发行：知识产权出版社 有限责任公司	网　址：http://www.ipph.cn
电　话：010-82004826	http://www.laichushu.com
社　址：北京市海淀区气象路 50 号院	邮　编：100081
责编电话：010-82000860 转 8533	责编邮箱：laichushu@cnipr.com
发行电话：010-82000860 转 8101	发行传真：010-82000893
印　刷：北京中献拓方科技发展有限公司	经　销：新华书店、各大网上书店及相关专业书店
开　本：720mm×1000mm　1/16	印　张：11.75
版　次：2024 年 6 月第 1 版	印　次：2024 年 6 月第 1 次印刷
字　数：185 千字	定　价：62.00 元
ISBN 978 - 7 - 5130 - 9322 - 4	

出版权专有　侵权必究
如有印装质量问题，本社负责调换。

前　言

受人口老龄化等诸多因素影响，我国个别省（区、市）基本养老保险基金收不抵支，其可持续性有待加强。为解决上述问题，政府可以有 3 种选择：压支出、增收入、财政补缺口。然而，由于人口结构在短期内无法得到实质性的调整，并且出于社会公平、稳定的需要，基本养老保险在支出端具有较强刚性，难以减支。在政府财政收入很难大幅增长的情况下，财政对基本养老保险"兜底"的能力可能会非常有限。因此，从收入端入手，通过不断优化基本养老保险筹资机制，增强基金自身的"造血功能"与自平衡能力，是缓解当前基本养老保险基金运行困难的唯一出路。本书以优化基本养老保险筹资机制、改善基本养老保险基金实际运行状况为研究目标，结合当前深化降费、改革征缴体制及提高基本养老保险基金中央调剂比例等政策背景，依次从征缴模式、统筹层次和基本养老保险费率 3 个方面分析其对筹资机制所产生的实际影响，并以此为基础探究筹资机制的优化路径与实现方式。

本书研究的理论基础涉及政府责任、制度变迁、委托代理和基金收支平衡，并以此为基础搭建起研究我国基本养老保险筹资机制的理论分析框架。本书在厘清基本养老保险筹资机制的内涵和运行机理的基础上，结合我国实际国情，运用上述理论框架，综合分析了基本养老保险筹资整个流程中各因素之间的耦合关系与作用形式，并把筹资机制划分为相互关联的 4 个方面，即筹资责任、筹资能力、筹资结构与筹资水平，并分析了这 4 个方面可能的影响因素。

（1）筹资责任主要涉及政府、企业与个人三方主体的权、责、义务关系，具体以筹资中的分担比例来体现。在梳理我国基本养老保险发展脉络及分析筹资主体与筹资责任变迁的基础上，本书运用政府责任理论和制度变迁理论，提出政府在基本养老保险筹资中只应承担制度转轨时期部分成本的观点，认为政府的这种有限筹资责任与现阶段的财政"兜底"政策之间存在矛盾，并剖析了我国现阶段基本养老保险筹资中所存在的各种问题。

（2）筹资能力的大小可以通过征缴率衡量，而影响我国征缴率水平的主要因素之一为征缴模式的选择。本书结合现阶段正在进行的社保征缴体制改革，对不同征缴模式下各主体间的委托代理关系进行了较为深入的比较分析，并通过实证研究证明，相比其他模式，税务机关全责征缴模式能够显著提升养老保险费的征缴率水平，可将征缴率由现阶段的较低水平逐步增至73.35%～83.05%。

（3）筹资结构一般被解释为筹资总量中不同资金来源所占的比例。不同的资金来源可以理解为不同地区的基金收入。如同税收一样，基本养老保险基金收入也具有"不患寡而患不均"的特点，而统筹层次则是决定筹资结构均衡程度的关键因素。本书选取养老保险全国统筹的过渡政策——中央调剂金制度，作为反映统筹层次的主要依据，分析了该制度对各地区基本养老保险收支状况所产生的实际影响。实证结果表明，如按照每年增长 0.5 个百分点的速度提高中央调剂金上解比例，随着上解比例不断提升，能够实现"抽肥补瘦"的效果，可均衡地区的养老保险筹资。同时，本书对调剂金上解比例每年增长 5% 与 20% 的两种情况进行了政策模拟，发现加快上解比例增长速度对于"贡献省"所产生负激励将会更小，因为在实现养老保险全国统筹的时间节点，贡献地区累计结余仍相对充分，影响属于可控范围，不会带来结余赤字，不会增加地方政府的财政压力，为应尽快实现养老保险的全国统筹提供了依据。

（4）筹资水平问题是筹集机制中的核心，它受诸多因素影响。基于筹资机制优化的可操作性与可行性，本书选取基本养老保险费率作为研究对象，以基金的相对收入——基金当期结余，作为筹资水平的衡量指标。实证分析表明，养老保险实际费率与名义费率分别和基金当期结余之间构成倒 U 形曲线，其中实际费率处于曲线的上升段、名义费率处于曲线的下降段，这说明，在实证对应的政策背景下，名义费率应进一步下调，实际费率则应提升。基于实证研究结果，结合相关已有研究与现状，本书作出了以下判断：随着 2019 年企业缴费费率降至 16%，基本养老保险名义费率下调空间十分有限，而实际费率在当前税务机关未能充分释放其征缴能力的背景下仍然存在较大的提升空间。

本书探寻了影响养老保险筹资机制运行的主要因素，并以此为基础，提出了筹资机制的优化目标和选择路径。在优化目标方面，近年来我国虽然尝试过多种新型筹资形式，如国有企业资本划转养老保险基金等，但这些筹资行为只能算作外部性的资金补充，并不属于真正意义上筹资机制的改革优化。基本养老保险筹资机制的优化需以基本养老保险制度内的筹资决策与执行为导向，以加强基本养老保险基金自身的平衡能力为目标约束。在路径选择方面，本书基于筹资责任、筹资能力、筹资结构、筹资水平等4个方面机制要素综合优化的考虑，提出了落地税务机关全责征收、尽快实现基本养老保险全国统筹及做实基本养老保险名义费率等多条优化路径。为了便于判断目标优化的实际效果，本书以基金收支平衡理论为依据，构建精算模型，模拟了养老保险筹资机制优化后的结果，同时，构建了基金自平衡能力评估指标体系，并结合优化后的模拟结果，估计出对应的筹资机制优化路径所能产生的实际效果。通过路径优化前后的评估指标对比分析表明，相比基准情况，经过优化后，评估指标体系中的多数指标都得到了较为明显的改善。这证明了优化路径的选择确实能对养老保险筹资机制产生一定的积极效果。最后，根据上述理论与实证分析，本书提出了进一步加强我国养老保险筹资机制建设的政策建议。建议包括以下几点：①应明确各主体责任与受益原则，通过完善《中华人民共和国社会保险法》等法律法规，划清对应的权责边界。②结合本书所拟出的3条优化路径，提出应予以对应的政策调整。在征缴模式层面，应加快征缴体制改革的落实落地，优化各职能部门之间的分工与合作，通过升级信息技术等手段，提升筹资能力；在统筹层面，应尽快由调剂金制度过渡至基本养老保险的全国统筹，实现基金的统收统支，加强地区间的均衡性；在保险费率层面，应在做实缴费基数的基础上，进一步深化落实降费政策，力争实现征缴与降费工作的协同改革。③筹资机制优化的实现仍需优化相关制度环境，通过延迟退休、财政补贴及相关税收优惠，调节费源结构，为进一步降费营造空间，并激发市场活力，以助力筹资机制优化的实现。

目 录

第一章　导论	1
第二章　基本养老保险筹资机制的理论分析	25
第一节　相关概念界定	25
第二节　养老保险筹资理论基础	28
第三节　养老保险筹资机制的基本要素	38
第四节　养老保险筹资机制的影响因素	43
第三章　我国基本养老保险筹资机制的历史与现状	49
第一节　我国养老保险制度的历史变迁	49
第二节　我国养老保险筹资机制运行现状	53
第三节　我国养老保险筹资机制中所存在的问题	62
第四章　征缴模式对养老保险筹资能力的影响分析	71
第一节　养老保险筹资中的征缴模式选择	71
第二节　不同征缴模式下的比较分析及研究指标选取	76
第三节　税务机关全责征管对养老保险筹资能力影响的实证分析	81
第四节　征缴模式影响筹资能力的主要结论及判断	88
第五章　统筹层次对基本养老保险筹资结构的影响分析	89
第一节　相关假设与说明	89
第二节　中央调剂金制度对养老保险筹资结构的影响	93
第三节　中央调剂金制度的优化方案与政策模拟	105
第六章　基本费率对基本养老保险筹资水平的影响分析	112
第一节　基本费率对筹资水平的影响分析及指标选取	112
第二节　基本费率水平养老金当期结余影响的实证分析	116
第三节　基本费率影响筹资水平的主要结论及判断	126
第七章　我国基本养老保险筹资机制优化路径与政策模拟	128
第一节　养老保险筹资机制优化方向与路径选择	128

第二节　养老保险筹资机制优化政策模拟与实证结果 …………… 132

　第三节　养老保险基金自平衡能力评估指标体系构建 …………… 146

　第四节　养老保险基金自平衡能力估计与比较 …………………… 154

第八章　优化我国基本养老保险筹资机制的政策建议……… **161**

　第一节　明确筹资目标与责任，完善养老保险制度框架 ………… 161

　第二节　提升养老保险筹资与征管能力 …………………………… 164

　第三节　尽快结束中央调剂金制度，加速养老保险全国统筹 …… 166

　第四节　深化推行降费政策，构建多层次养老保险体系 ………… 168

　第五节　优化相关制度环境，助力基本养老政策平稳运行 ……… 170

参考文献……………………………………………………………… **173**

第一章 导论

一、研究背景和意义

（一）研究背景

由于我国已步入老龄化社会，并且具有有效性与可持续性的养老保险制度缺失，因此当前我国面临巨大的养老压力。世界银行早在1997年的报告中就指出，中国养老金体系存在两个突出问题：来自国有企业的历史旧账负担与人口老龄化所带来的影响。截至今日，这两个问题随着时间的推移已经完全显现了出来。随着近年来经济增速放缓以及外部压力增加，部分省（区、市）基础养老金已经出现收支不抵，这给地方财政乃至中央财政都带来一定的压力。据统计，2019年，我国60周岁及以上人口已达约2.54亿，占总人口的18.1%。但与此同时，人口增量与增长率却逐年下降。经测算，我国总人口增长率在2010—2019年由0.48%降至0.33%。随着人口老化程度的不断加强，养老保险基金支出总量也随之不断增长。以城镇职工基本养老保险为例，基金支出占GDP的比重由2015年的3.29%上升至2018年的3.5%以上。国务院印发的《国家人口发展规划（2016—2030年）》对我国未来人口变化进行了预测：2021—2030年，我国60岁及以上人口增速将显著提升，占比将在2030年达到25%，总量将在2050年前后达到峰值4.87亿，对应人口比重将达到34.9%。在此趋势下，人口老龄化对就业也将造成负面影响，进而影响缴费规模。近年来，我国城镇就业人口平均增速呈下降态势，由1999—2008年的4.07%降至2009—2018年的0.97%。而就业人口是影响基本养老保险基金收入的关键因素之一。相关数据显示，养老保险缴费收入与就业人口平均增速整体水平均向下偏移。以城镇职工基本养老保险为例，其缴费收入的年平均增长率由1999—2008年的17.48%降至2009—2018年的

15.04%。与收入增速下降的情况相反，保险支出增速却在逐年增加，由1999—2008年的15.04%升至2009—2018年的16.53%。由此可见，人口老龄化对养老保险基金收支两端都能产生一定影响，影响基金整体收支平衡与制度可持续性。

此外，近年来劳动力的流动性越来越强，年轻劳动力不断向较发达地区转移，加剧了地区间基本养老保险制度发展的碎片化程度，养老保险制度在地区间不平衡与不充分的矛盾越发突出，各地区养老保险收支呈现"苦乐不均"的实际状况。更重要的是，有的省（区、市）养老保险基金在剔除财政补贴之后实际状况已收不抵支。2020年以来的疫情对我国基本养老保险基金可持续性提出了新的挑战。

以上情况将倒逼制度创新与供给。纵观养老保险制度的起源与发展，结合世界不同地区对于该制度的改革经验，可将改革的方向大致分为以下3条路径：①以调整参数作为改革的路径选择。该路径主要针对养老保险制度中相关重要参数进行调整，如基本费率、制度赡养率及替代率，通过相关政策影响且促进基金的收支平衡能力，增进制度的可持续性。②以构建多层次养老保险体系为改革的路径选择。早在2005年，世界银行就提出了构建养老保险改革框架，其中主要包括具有普惠性与非缴费性质的社会福利、具有部分缴费性质的社会保险、企业自身构建的企业年金及由个人储蓄构成的商业保险。多层次养老保险体系的构建增强了养老保险的制度激励，部分国家因此获益，但成功案例比较有限。③以养老保险筹资机制的优化作为改革的路径选择。在改革早期，部分国家以筹资模式的转换作为主要的改革方向，由传统的现收现付制向完全积累制逐步转移。中国统账结合模式的选择很大程度上也受其影响。

纵观全球各国养老保险改革历程，改革路径的选择与各国的实际状况、制度目标紧密相关。调整参数的改革具有见效快的特点，但对于制度的可持续性可能弊大于利；多层次养老体系的构建需要较长的时间周期，而且将产生不小的制度转轨成本；筹资机制的优化则更多在收入端对基本养老保险制度予以完善，能够对制度的可持续性带来积极效用。现阶段，结合中国实际国情，以筹资机制优化作为改革的路径，以期于加强人口老龄化下养老保险基金的收支平衡能力与制度的可持续性，意义重大。与此同时，在当前一系列外部冲击与政策环境影响下，我国基本养老保险制度未来发展将迎来挑战。如何维持养老保险制度的稳定与可持续性，值得深思。

（二）研究意义

结合当前国内外经济形势与制度环境，从收入端入手，深入、系统地研究基本养老保险筹资机制优化问题，加强基本养老保险制度内的收入能力，至少具有以下几个层面的理论价值与现实意义。

（1）筹资机制是基本养老保险制度可持续发展的核心环节，良好的筹资机制能够为基本养老基金提供稳定且充足的收入来源，抵御一定的风险。由于我国基本养老保险实际支出并未严格遵循"以收定支"的基本原则，待遇水平主要受相关政策影响，具有较强的制度刚性，因此，从筹资端进行优化与改革是缓解当前养老基金压力的重要出路。

（2）从筹资机制的优化入手有助于厘清各主体在基本养老保险制度中的相应责任。筹资机制的各个环节直接体现了各主体相应的权利、责任、义务。筹资机制的优化将有助于明确与划清各主体间权利、义务的边界，认清其中政府、企业与个人对应的责任，并分别予以合理定位。特别是就我国而言，财政虽对基本养老保险有兜底责任，但面临人口老龄化、经济下行及外部不确定性风险冲击，基本养老保险需进一步加强自身平衡能力，提升水平与效率，优化结构，减少对政府财政的过度依赖。

（3）促进征缴体制改革的推进与落实。中共中央2018年2月印发的《深化党和国家机构改革方案》提出："为提高社会保险资金征管效率，将基本养老保险费、基本医疗保险费、失业保险费等各项社会保险费交由税务部门统一征收。"这明确了税务机关为基本养老保险费的征缴机构。但由于一系列历史遗留问题、征管机构的不确定性与核定标准的碎片化，致使征缴体制改革一直未能真正落实，我国基本养老保险征缴工作实际能力没能得到充分释放。

税务部门与社保部门在目前政策环境之下加强分工与协作，不仅需要部门之间的努力，还需要相应的配套政策去降低制度变迁所产生的交易成本，帮助税务部门充分发挥其征缴能力，提升基本养老保险筹资能力，促进降费工作的真正落实与稳定筹资收入。

（4）基本养老保险筹资结构的完善是基本养老保险筹资机制优化的重要一环，而基本养老保险筹资结构与基本养老保险统筹层次紧密联系。提升统筹层次意味着能够实现基础养老金的统收统支，进而优化其收支结构，提升基金的使用效率，是筹资机制优化的重要环节。统筹层次的提升能够促进地区间养老金的调剂与配置，提升养老金的使用效率，加强筹资质量，为养老保险体系的构建与发展创造条件，进而促进资本市场的发展，为经济增长提供助力。近年来，我国基本养老保险基金总量一直在快速增长，但剔除财政补贴之后，有的省（区、市）基本养老保险基金收不抵支。保险财务状况失衡的原因是我国基本养老保险统筹层次不高。这导致收支结构碎片化，基本养老保险无法进行合理的调配，进而导致资金使用效率低下。这一方面加剧了区域发展的不平衡，另一方面降低了养老保险最基本的共济职能。当前，由于我国面临各级政府间利益博弈、部分参保者福利损失、基本养老保险覆盖面和缴费额可能缩小等一系列问题，基本养老保险的全国统筹还难以实现。因此，以统筹层次的提升作为筹资机制的优化方向，不仅能够缓解当前部分地区基金收支压力，还将有助于促进我国基本养老保险筹资整体费源的均衡性。

（5）养老保险筹资机制的完善与优化，能够调节现阶段筹资主体之间的筹资压力，加强基本养老保险制度的可持续性，增进制度信心。对政府层面而言，现阶段受一系列外部因素影响，基本养老保险费阶段性的免征政策给政府财政带来新的压力与挑战。与此同时，为了促进疫情后经济的复苏与发展，进一步减轻企业压力，减税降费政策将继续深入落实。为减轻政府财政压力，就我国基本养老保险制度而言，应加强自身平衡能力，减少对财政补贴的过度依赖。与此同时，由于人口老龄化的问题短期无法得以解决，养老保险支出将持续增加，这对养老保险筹资效能提出了新的要求。政府如何通过一系列的政策与手段去提升养老保险筹资能力，意义重大。对企业层面而言，由于当企业面临较高的费率水平时会选择逃避或压低缴费基数，这也是一直以来我国养老保险名义费率与实际费率相差较大的主要原因。当前的降费政策与征缴体制改革对加强企业缴费遵从、缩小两费率水平差距、优化整体筹资水平,甚至对整个养老保险制度的发展都有着积极的作用。由于疫情的冲击,企业生存环境面临挑战。我国基本养老保险费率是否再次调整,对纾解企业困难,降低企业成本,稳定和扩大就业,实现费基与费率变化的良性互动,极具现实意义。

二、国内外研究现状及述评

本部分首先分析基本养老保险政府责任的正确定位与合理边界,明确筹资机制优化的目标与方向,然后细化政府职能中相关财政政策对于养老保险筹资所能产生的实际影响,从制度目标、优化筹资路径、筹资中具体政策的选择到所产生的实际效果,层层深入,从筹资能力、筹资水平与统筹层次3个方面分析与研究从政府的角度出发养老保险筹资可能的影响因素,并进行文献的梳理、归纳与分析,为全书提供可供参考的依据。

(一)养老保险筹资责任

筹资责任是养老保险筹资中的核心环节,是影响筹资机制能否充分运行与发挥能力的基础。综合不同国家养老保险制度的发展历程,养老保险筹资主体主要包含3个:政府、企业与个人。其中,政府转化其税收收入作为养老保险筹资来源,企业与个人则为养老保险缴费。这3个主体为养老保险提供资金的这一流程构成了整个筹资行为。在筹资过程中,各主体应承担的筹资比例则通过明晰的筹资责任予以确定,筹资责任清晰与合理是维系养老保险筹资公平性与可持续性的基础与源泉。

1. 政府在养老保险筹资中的责任与职能

养老保险是社会保障制度中的重要组成部分,因此,养老保险筹资中的政府责任可以从社会保障中的政府责任去探寻。相关研究成果十分丰富。庞古(Pigou)认为,政府有责任去增进社会的公平与福利,具体可以通过税费的形式"抽肥补瘦",对财富进行再分配[1]。凯恩斯(Keynes)在其经典著作《就业、利息和货币通论》中提出,社会保障制度应具有普惠性,而政府应在其中承担起对应的责任。这为西方福利制国家的构建提供了理论基础[2]。贝弗里奇(Beveridge)在著名的《贝弗里奇报告中》中提出,政府应建立保障标准不同但全民覆盖的社会保障制度[3]。西方经济学家们明确了政府为居民提供基本保障和服务的责任与义务,尤其是再分配的责任。政府需合理地以社会保障制度为手段实现资源的再分配,增进社会福利,进而实现公平、正义。

相比国外学者,国内专家主要以公共管理作为研究视角。张利平认为,政府责任是体现现代社会保障制度公共职能属性与先进性的必然要求[4]。郑功成提出,政府责任的明确是对社保保障制度建设与优化的关键,其有助于制度高效、合理构建[5]。倪志良、赵春玲认为,政府对于制度转轨所形成的"隐性债务"具有资金投入的职责[6]。苏春红认为,政府责任是构建共享型社会保障制度的客观需要,其具体应该在财政投入上得到体现[7]。曹春提出,政府对于基本养老保险筹资具有主要责任,尤其是在当前人口老龄化环境中。筹资可通过财政投入予以体现[8]。景鹏、胡秋明指出,政府有责任去承担起维系养老保险制度持续运行的责任[9]。综上所述,多数学者对于政府在我国社保制度中的责任予以重视,而具体的责任体现包含制度设计、财政投入、监督管理与相关法律明晰等方面。

2. 筹资主体的责任共担与政府责任的有限性

随着世界经济整体增速放缓以及部分国家财政危机陆续出现,20世纪70年代前后,部分学者开始重新审视养老保险制度供给。其中,罗尔斯(Rawls)提出,政府在社保制度中的实际作用应是有限的,应采取"补缺型"职能。吉登斯(Giddens)则认为,需厘清个人的责任与权利,合理考虑政府对市场的干预。马丁·费尔德斯坦(Martin Feldstein)认为,公共养老金计划能够产生"引起退休"与"资产替代"效应,而基金制将减弱这两种消极效应[10]。奥尔巴赫(Auerbach)运用生命周期模型证明了减少养老金的公共属性能够影响劳动力与资本的供给量,并对实际产出及工资均带来促进作用。施密特-赫伯尔(Schmidt-Hebbel)通过实证研究,分析了智利养老金私有化的实际效果,得出了基金的私有化对经济效率有正向促进作用的结论。尼古拉斯·巴尔(Nicholas Barr)结合福利经济学理论,认为对于社会保障制度,政府只应给予有限的干预,其职能仅基于保证制度的可持续。

在中国，关于养老保险中筹资责任共担的相关研究十分丰富。朱楠认为，养老保险制度中的责任应该合理分散至政府、个人、第三部门及地区经济之间，形成推动制度发展的合力[11]。周惠萍提出，政府与个人应共同构成养老保险制度的责任主体，进而实现社会福利的最大化[12]。张金峰[13]与贾海彦[14]分别从公共财政与社会资本的角度进行论述，认为养老保险筹资责任应由政府、社会与个人共同承担，同时强调应加强对个人社会保障责任意识的引导。白维军针对中国农村养老保险筹资机制提出了相应建议，认为相应筹资机制的构建应强调家庭与个人的责任[15]。郑功成认同政府责任对于养老保险的有限性，提出对应的财政补贴所占比例应控制在基金总支出的15%~20%，不能无限兜底[5]。汪润泉提出，政府财政对于养老保险的补贴程度应有所限制，避免发展成为无限的兜底责任[16]。

基本养老保险中的政府责任最直接体现在财政补贴上。为了划清政府在其中的有限责任，避免对政府财政补贴的过度依赖，缓解政府财政压力，加强基本养老保险的自平衡能力是筹资中的重要原则与关键因素。杨再贵通过构建精算模型，对城镇企业职工统筹账户财政负担进行了测算，指出为避免出现养老金支付危机，应尽早提升基本养老保险自身平衡能力[17]。熊伟、张荣芳提出，财政在一般情况下无须过多介入社保，只需承担制度的运行成本与转轨成本，社保制度应坚持精算平衡[18]。石晨曦基于动态人口，测算了未来财政负担的统筹账户养老金规模及精算平衡率，得出2020年统筹账户出现代际失衡，而财政负担的统筹账户养老金将以平均每年16.57%的速率增长的结论[19]。郑功成提出，在我国现行基本养老保险制度下，养老保险制度对政府财政过度依赖，缺乏自我平衡的动力，给财政带来风险。财政在其中的责任应通过固定比例保持一定的稳定性，进而促进养老保险制度自平衡能力提升与自我发展[5]。

（二）优化基本养老保险筹资机制的路径与选择

影响养老保险筹资有很多因素，需要从多层次、多角度进行全面分析与研究，如筹资渠道与模式的选择、筹资责任的确定、筹资水平与效率的提升等。相关的研究成果比较丰富。本书在基于政府有限责任的前提条件下，针对基本养老保险制度范畴内的政府行为及其对基本养老保险自平衡能力的影响展开研究、进行分析。基于此，本书对相关文献进行了筛选与梳理。

1. 养老保险筹资模式的选择

养老保险筹资模式一直是学界研究的热点。学界的观点主要集中于3个方面：①继续坚持现收现付制不动摇，其理由在于改变基金制对个人的最优行为并不能带来实质性的影响；②建议向完全积累制过渡，因为从对经济增长的促进与增进社会福利的实际效用考虑，基金制能够带来积极的促进作用；③支持目前我国现阶段施行的统账结合的"部分积累"制。

2. 筹资来源与方式的选择

各国基本养老保险制度的资金主要来源于以下几方面：①政府税收收入，即确定特有专项税（如美国的工薪税）或从特定税种抽取一定比例（如日本从消费税抽离一部分补充划入养老基金）；②养老保险费，即具有一定强制性与普遍性、存在一定返还的政府缴费，以期实现社会共济的制度安排；③基金增值收益，即主要通过对基金结余的有效管理与运营实现基金的增值保值；④企业与个人的赠与；⑤国有资产划转，这是与我国特有国情相结合的制度安排。其中税收与养老保险费是养老保险筹资中最为主要的筹资来源与方式，其余来源只能作为补充。基于此，围绕着"税"与"费"选择的研究成果十分丰富。

由于税收具有强制性与规范性，因此其能够有助于提升社保基金的筹资能力，加快对应统筹层次的提升。徐怡哲指出，税收的特有属性能够保证征缴成果，加强基金的稳定性[20]。庞凤喜认为，从现代社会保障缴款的收支、社会保障制度的运行及社会保障的缴款形式等方面进行综合考量，社会保险费的征收应采取"税"的形式[21]。史正保、李智明认为，随着我国居民收入水平逐渐提高，个人和企业纳税能力进入了历史新时期，某种程度上我国已经具备了开征社会保障税的基本条件，且通过社会保障税的缴纳，能够在一定程度上缓解社会保障事业资金困难问题[22]。也有学者对开征社会保障税持反对意见。郑功成等认为，费改税意味着将提升政府对社会保险制度的责任，增加财政风险[23]。邓子基结合当时中国各地区社保制度碎片化发展的实际状况，认为很难统一税率水平[24]。郑秉文认为，"费改税"在我国不利于加强缴费与待遇之间的联系，而且在技术层面与当前统账结合的制度安排不匹配[25]。同时，"费改税"对于征缴的力度与权威性、社保资金的安全性和监督力度，不一定能带来正向作用。黎洁等通过经济学原理分析了社保税可能产生的实际效果，认为改革效果可能并不理想[26]。有学者认为，费改税改革应暂缓，因为在对具体纳税人认定时存在一定的不确定性，并且纳税人意识、制度环境、财政体制存在一定程度的不匹配[27]。易菲等认为，由于费改税后信息可能存在一定的不对称，虽然在短期内会实现征缴收入的增加，但由于对个体缺乏激励，纳税遵从度将面临考验[28]。

3. 筹资能力的增加

筹资能力是影响养老保险筹资的关键因素，它受一系列因素的影响。许多学者认为，资金的收缴能力问题是我国社会保障筹资存在的诸多问题中的关键问题之一，养老金的征缴率与征缴能力是反映养老金筹资能力的重要指标，而机构设置是影响征缴能力的重要因素。支持费改税的学者认为，以税的形式进行筹资，通过立法建立统一的标准、征缴体制及管理制度，将改善当前征缴效率低、制度刚性不足的问题[29]。

闫晓丽认为，当前我国社保资金筹资能力不足主要是因为缺乏相关的法律依据，进而造成很多环节的不规范，如存在多头管理、监督机制不足等现象。卢成会提出，我国养老保险筹资能力不足，监控机制不足，征缴工作缺乏强制性，对企业约束力不足，进而导致企业缴费不遵从，即通过瞒报、少报、少缴、不缴等一系列行为规避企业应承担的筹资责任，削弱了制度的筹资能力[30]。

4. 筹资水平的提升

筹资水平是对基本养老保险基金的收入水平与实际规模进行综合的反映。筹资水平受筹资标准、筹资能力、筹资模式等多个因素影响。筹资水平的大小需综合考虑基金的实际支出需求、经济发展水平、社会与制度环境等多方因素。凯恩斯（Keynes）在其著作《自由放任主义的终结》中肯定了政府行为的有效性，认为政府应该积极影响市场经济。政府可以对养老保险制度的缴费标准与给付水平进行调整，进而改善居民的消费预期，调节社会总消费与总需求，而筹资标准主要取决于费率水平与缴费基数的实际标准。郭林认为，养老保险费率的变化对养老筹资的优化有重要意义，费率结构是实现基本养老保险制度筹资体系完善的关键因素[31]。李琼认为，基本养老保险应重在"保基本"，筹资标准不宜过高，应为多元化筹资模式的构建创造基础[32]。封铁英构建了相应的养老保险筹资规模测算理论模型，对筹资主体、筹资结构与筹资水平等影响筹资机制的关键要素进行了较为深入的分析[33]。焦津强结合我国实际筹资状况，认为缴费费率水平偏高，给筹资相关主体带来的压力过重，不利于整体筹资水平的提升[34]。

5.筹资结构与统筹层次

养老保险统筹是影响养老保险筹资的重要因素，统筹层次的高低影响养老保险筹资水平与效率。我国目前如何加强基本养老保险的统筹程度是增进养老保险筹资能力的重要课题。就现阶段的研究成果而言，多数专家似乎已经达成了一项共识，即养老保险的全国统筹是中国养老保险制度发展的必由之路，也是目前制约制度发展的关键阻碍之一。白维军等提出，较低的统筹层次导致了养老保险给付环节存在巨大差异，有悖于养老保险制度的公平与公正原则[35]。郑功成指出，养老保险统筹层次过低将损害养老制度与市场竞争的公平性[36]。陈元刚等结合大数法则理论，提出较高的养老保险统筹层次将促进养老制度的持久与稳定[37]。李连芬等证明了养老保险统筹层次的提升将对基金筹资能力带来正向影响，较高的统筹层次能够有助于减缓政府财政压力、增强抗风险的能力[38]。

（三）筹资征缴模式选择

养老保险筹资方式与征缴体制的选择对征管能力、征管效率和征管成本都会产生一系列的影响。随着养老保险制度的不断发展，养老保险筹资中的征管模式以不同的方式呈现出来。关于养老保险征缴体制，国内外相关研究成果十分丰富。养老保险征缴体制是影响征管效率的决定性因素。

1. 征管机构的选择

目前，学界对于征管机构的相关争论，主要集中于社保部门与税务部门之间的选择。有外国学者认为，在西方国家，社会保障供款征缴体制随着社会保障制度的演进发展日益成熟。征缴主体主要为社保部门、税务部门、基金管理公司或其他独立自治机构。扎格梅耶（Zaglmayer）等分析与比较了社保与税务部门之间的职能与效果，认为由于二者在自身属性（职能覆盖范围、强制性强弱等）方面存在差异，导致在征缴工作中差异明显[39]。结合各个国家的实际状况与相关研究成果，养老保险征缴模式主要可以分为3种类型：①社保征收模式，即由社保部门全权负责养老保险费的征收管理，与税务部门无任何瓜葛，欧洲部分国家如德国、比利时等采取这种模式；②税务代征模式，即税务机关"税费同征"，养老保险费的征缴合并至部分税收工作之中，美国、英国等国家采取此种模式；③混征模式，即税务部门与社保部门共同完成征缴工作，按照对应的政策要求划分两部门的工作范围与比例，荷兰等国家采用此种模式。

2. 税式征管的优势与确定

制度的变迁与发展在大多数时候都是一个渐进的过程，而中国养老保险制度中的征缴模式随着社保征缴体制的转变也在逐渐变化，依次经历了社保机构征管、税务机关与社保机构共征、当前税务部门全责征缴等多种模式。对此，有部分学者很早就提出了养老保险筹资应采取税式征管，并分析把税收纳入养老保险费征管所能产生的实际效果与影响。杨文秀通过借鉴相关国际经验，认为税务征收模式能够保障筹资工作按时、按量、稳定进行[40]。焦东瑞认为，税务部门作为征缴主体，在发展成熟度上更具优势[41]。袁艳红提出，税务部门征收模式能够提升征缴范围、加强征缴力度，进而制约企业的逃费行为，提升征缴率水平[42]。刘军强结合省级面板数据进行实证研究，发现税务部门征缴模式能够有助于扩大制度覆盖面，进而提升基金收入[43]。庞凤喜认为，税务机关作为社保缴款统一征收主体，能够产生加强社保资金安全、扩大参保覆盖面、加大社保费征收力度、减轻财政支付压力、节约政府成本、降低遵从成本等一系列积极效应，提高社会保障服务水平，助力政府职能的转变[44]。路锦非研究认为，通过加强征缴管理、扩大覆盖面和延迟退休年龄可使城镇职工基本养老保险缴费率降至20%[45]。张斌等提出，税务部门在组织、信息及执法等诸多方面更有优势，能够对征缴率带来实质性的提升，并提升部门的征缴效率[46]。张鹏飞等提出，税式征管下能够通过税收相应属性提升养老保险的扩面率与征缴率，进而为实现全国统筹做好铺垫[47]。同时，扩面与征缴工作相结合将有助于实现养老保障水平与基金收入的同步提升。汪德华提出，税式征管模式能够在处理、认证、申报与缴纳等领域减少部门职能的重叠，降低政府的管理成本，而且将税务管理信息系统扩容至养老保险费，产生的边际成本也较小[48]。

3.征缴模式与征管效率

不同征缴模式的选择对征管层面能够产生一系列的影响，其中最为关键的是对征管效率的影响。国内专家学者从多个层面分析与解释了对征管效率的影响因素。郑秉文等提出，征缴体制研究的关键点在于征收效率的提升、参保率的增加及征管成本的减小[23]。张雷通过实证研究认为，征管效率与经济发展水平、统筹层次存在正向影响关系，而征缴模式能够直接影响征管效率、统筹层次、参保率水平及制度的发展方向[49]。鲁全通过研究我国社保费的欠费率与清欠情况，提出征缴模式与征管部门的选择是影响征缴效率的重要因素，提高制度的强制性能够提升缴费人的缴费遵从与征管效率[50]。在学界关于社保征缴的相关研究成果中，多数对于税务部门征管社会保险费持有肯定态度，主要原因大致可以总结为以下几点：①税务部门自身特有的部门优势，即税务部门拥有专业化的人力资源与数据库，能够节约行政支出；②税式征管能够提升征缴工作的强制性，提升主体的缴费遵从；③在税务部门介入征缴工作后，能够让养老保险费收支分离，与财政、人社部门构建起征收、计发、监管三位一体的征管机制；④为税改费与养老保险的全国统筹的实现做铺垫。

（四）养老筹资优化与统筹层次

1. 提升统筹层次的方案与设计

随着部分省（区、市）养老金"穿底"现象的出现，提升养老保险统筹层次逐步成为学界关注的热点，而养老保险全国统筹是统筹层次提升的最终目标与归宿。针对实现全国统筹的方案与路径，相关研究成果十分丰富。穆怀中等设计出了实现全国统筹的5种方案，通过对比分析证明了一条最合理路线，即选取20%的替代率实行省级统筹，选取10%的替代率实行全国统筹[51]。贾洪波等建议采取渐进式的改革路径，在实现省级统筹的基础上逐步过渡至全国统筹[52]。何文炯等提出养老保险应实行统收统支，特别是针对统筹账户，然后以此为基础设计出实现保基本的待遇计发方案，并结合适当的退休政策与财政补贴比例，构建科学且长效的筹资机制[53]。庞凤喜等指出，需尽快实现基本养老保险的全国统筹，中央财政履行应尽的"兜底"责任[44]。邓大松等提出，应该明确各级政府对养老保险的相应责任以及分担比例，通过统筹层次的提升加强对基金的垂直管理，构建合理的预算管理机制[54]。高和荣提出，实现养老保险的全国统筹需各方面齐头并进，其中征缴层面较为关键，应强化监管机制、避免寻租行为，同时应升级征缴相关数据、信息，为全国统筹提供技术支撑[55]。宋文甫、张霜露对养老保险统筹提出了相关建议：要优化经办机构设置、创新管理体制、强化信息技术支撑、明晰分担机制，将权责各归其位[56]。由此可见，养老统筹的实现对筹资方式、征管模式都提出了新的要求，为基本养老保险筹资机制的优化提供了方向与目标。

2. 养老保险统筹与中央调剂金制度

基本养老保险统筹层次的提高不可一蹴而就，需综合考虑，采取渐进式改革。中央调剂金制度作为养老保险全国统筹的过渡政策，其目标是为了加强社会保障制度的公平性与互助性，缓解与平衡因劳动力跨地区流动及经济发展区域差异所导致的地区间养老保险基金收支状况的不均衡，提高资金支配效率。王胜谦提出，中央政府通过建立适当的调剂机制将有助于均衡不同地区的基金压力,缓解当期由于统筹层次偏低所产生的"苦乐不均",提升基金的共济性[57]。白维军等指出,"稳定省级统筹、促进全国调剂"应是我国养老保险统筹层次的发展目标与模式定位,此方案较为现实与可行[58]。徐森和米红认为,全国统筹一步到位会阻力很大,实现初步基金全国调剂的制度设计具有可行性和更好的制度弹性[59]。郑功成指出,中央调剂金制度将助力于基本养老保险全国统筹的实现,即通过调剂金制度对各省收支余缺重新分配和结合省级范围内养老统筹基金的统收统支两条路径齐头并进、发挥合力[60]。杨继军等认为,需通过一定的调剂手段缓解当前中国养老保险地区严重分割的状况,助力要素的省级流动,提升经济的动态效率[61]。房连泉提出,中央调剂金制度是实现养老保险全国统筹的过渡政策,其能够相应缓解当前的不均衡与利益矛盾,但仍需通过结构性制度逐步深化改革[62]。张沛文指出,在全国范围对养老保险基金调剂使用是推进养老保险全国统筹的第一步,也是难点所在,将面临中央与地方以及地方间矛盾冲突[63]。高和荣提出,中央调剂基金筹资总量与调剂能力的强弱决定基本养老保险全国统筹的实现程度[55]。

3. 中央调剂金制度的影响与发展

中央调剂金制度的设计与规划在很早就已被学者纳入考量,很多学者对施行该政策呼声很高。白维军认为,在制度的实际操作环节,中央可根据各地上解养老保险金的态度、数额、时效等指标,进行相应的惩罚与奖励,并把养老保险基金上解工作与地方政府的政绩考核挂钩,提升各地上解养老保险基金的积极性[58]。林毓铭认为,调剂金制度的建立应采取渐进式的路径,并配合动态的追踪管理与分析,因为不同的地区对应的相关指标如覆盖率、赡养率、缴费率等存在较大差异,"一刀切"的政策会导致部分地区产生利益冲突与矛盾[64]。中央调剂金制度2018年正式颁布后便立刻成为了学界所关注的焦点。魏升民等通过政策模拟研究发现,调剂金制度能够均衡省(区、市)之间的养老保险基金收入,其中基金收入主要从东部发达省(区、市)流出,流入西部与东北地区,调剂金金额可达千亿元[65]。石晨曦等通过建立精算模型并结合相关政策,对参数进行了调整，测算出调剂金政策对各地区未来累计结余与收支状况的影响[66]。张沛文认为，调剂金制度可以将逐渐上调上解比例作为"缓冲"，将统筹层次逐步上升到全国统筹[63]。高和荣提出，要落实好政策精神，核准各地区职工平均工资与参保人数，确保上解额[55]。同时，需优化问责办法，避免调剂金上缴不到位的情况发生。关于中央调剂金的比例，薛惠元等认为，应采取"低起点、小统筹、渐进式"的调剂金制度安排[67]。而郭秀云等对中央调剂制度在省际的再分配效应进行了检验，通过实证测算出上解比例对再分配效应具有正向作用，比例越高，效应越强，但整体边际效应呈现递减趋势[68]。

也有部分学者认为中央调剂金制度未来的发展与实际作用非常有限。裴育等结合相关测算提出，中央调剂制度所产生的实际效果十分有限，地区基本养老保险的发展状况多半取决于当地的经济基础，并不会因调剂金制度得到实质性的改变[69]。房连泉通过对未来10年进行测算得出，中央调剂制度将对地区间的基金失衡起到明显的调节作用，但改善效果有限，中央调剂制度对地方养老基金结余的影响相对微弱，并不能改变各地养老保险财务两极分化的趋势走向，同时基尼系数存在一定程度的下降[62]。

（五）养老保险筹资与养老保险费率

养老保险费率对养老保险制度的影响一直是学者们研究的热点与核心。养老保险费率水平与制度的参保覆盖面、征缴率水平都有着直接联系，同时还能够调节市场，促进市场竞争环境的公平性与合理性。与此同时，由于存在"福利刚性"，费率水平的下调具有不可逆的属性，对中国社保制度的发展能够产生至关重要的影响与作用。

1. 养老保险费率与基本养老保险

早在20世纪70年代就有专家学者针对养老保险费率展开研究，其中萨缪尔森（Samuelson）结合生命周期模型，提出了一个最优养老保险缴费费率的设计方案，即在黄金律条件下结合资本回报率与人口增长率综合决定出最优供款比例[70]。费尔德斯坦（Feldstein）以个体选择作为研究对象，对最优的养老保险费率进行分析，认为最优费率取决于资本的边际回报率与人口增长率[71]。基于两位权威学者的研究基础，养老保险费率逐渐成为为学界研究的热点。范蒂（Fanti）、戈里（Gori）通过比较研究分析了不同筹资模式下养老保险缴费费率的设定标准与差异[72]。弗朗茨－克萨维尔·考夫曼（Ftanz-Xaver Kauftnann）针对福利国家养老保险基金的实际运行状况，通过分析得出，国家制度将影响实际费率水平，而费率水平则会影响用人单位的缴费行为。在国内，随着国内人口老龄化的加剧，相关研究成果也随之大量涌现。李珍提出，费率水平的高低是影响基金收支平衡的核心，需通过降低费率水平助力基金收支平衡能力的提升[73]。王鉴岗通过基金平衡模型进行测算，证明了缴费率水平能够对养老保险基金收支平衡带来实质性影响[74]。高建伟通过理论与数据分析证明，费率水平能够对基金缺口带来显著影响，费率水平的降低能够缩小缺口，扩大制度覆盖面，提升筹资总量[75]。展凯通过理论模型，证明了费率水平与基金稳定性之间的相关性，认为二者之间存在反向替代关系[76]。

2.养老保险费率变化所产生的综合影响

部分学者对养老保险费率水平调整所产生的实际影响进行了比较深入的探究，形成了较为丰富的研究成果。库格勒（Kugler）等通过研究哥伦比亚的社保制度，发现当地的工薪税水平与其部分行业的就业率存在显著的反向影响。云天德（Hian Teck Hoon）等通过德国的相关数据，证明了社保税率水平的提升能够导致劳动力需求的下降。达维特（Daverietal）结合欧洲部分国家的数据进行实证研究，得出工薪税每上升3.5%将引致失业提升1%。贝利（Bailey）等认为，高费率水平将导致企业的逃费行为，在既定费率水平下，需加强监管，提升不遵从成本，并提升对个体与企业的激励[77]。就中国而言，学者们充分结合中国实际国情，进行了一系列较为深入的研究。费尔德斯坦（Feldstein）提出，中国的养老保险实际费率水平远低于名义费率，进而导致征缴收入不足[71]。杨俊结合企业相关数据，通过实证研究得出养老保险费率水平与工资水平、就业水平之间的关系，即费率水平的提升对二者均带来负面影响[78]。费尔德斯坦（Feldstein）认为，中国养老保险费率水平仍处于高位，需通过扩大制度覆盖范围、补充部分税种收入等一系列手段为降费创造空间[71]。白重恩结合相关数据进行实证研究,认为费率水平对家庭消费能够产生显著负面影响[79]。杨再贵通过OLG模型估算出了基于我国国情约束下的最优费率,其低于当前名义费率[80],这说明费率水平存在进一步向下调整的可能。马双等(2014)通过企业数据分析得出缴费费率水平对企业雇工人数以及员工工资的影响,实证结果显示,费率水平每上涨1个百分点,雇工人数将降低0.8%,职工工资降低0.6%[81]。苏中兴研究认为养老保险费率水平能够对企业用工成本与养老金替代率产生显著影响[82]。

3. 中国养老保险费率调整及其可行性

我国养老保险费率过高一直是诸多学者集中反映的问题,养老保险费率究竟应该如何进行确定,一直是学界研究的热点之一。杨再贵提出,过高的缴费费率不一定对统筹基金收入的增长带来促进作用[83]。蒋筱江等指出,基金收入与缴费费率之间存在很强的相关性,但费率水平超过一定水平之后,将对经济与相关主体带来不利影响,进而减少基金收入[84]。有部分学者从企业的角度展开研究,针对企业成本与行为,认为费率水平仍需进一步调整[85]。穆怀中等则通过对养老金缴费率的膨胀系数展开研究,得出当前费率水平较高、需进一步向下调整的结论[86]。赵静等从企业逃费的角度反面论证了目前过高的基本养老保险费率对企业造成的不利影响[87]。

我国部分学者对于适宜我国的最优费率也进行了一系列的测算。早期,边恕等结合福利经济学相关理论,认为最优费率应为5.53%～15.52%[88]。孙雅娜等通过经济学模型,结合不同行业之间的差异性,得出了最优费率应为8.78%～39.58%[89]。于和伟等从微观个体与宏观经济两个层面展开了综合分析,以上海市作为研究对象,得出相应的最优费率水平应为20.8%。柳清瑞等结合两期世代交叠模型展开研究,在社会福利最大化约束下得出养老保险最优费率应为15%[90]。康传坤等则通过均衡世代交叠模型得出最优费率水平为10.22%～19.04%[91]。景鹏等基于社会福利的角度,结合延迟退休与二孩生育政策,测算了在不同退休年龄下最优的养老保险费率水平,得出当退休年龄分别为60岁与65岁时,对应的最优费率区间分别为 19.18%～19.63% 与 10.77%～11.64%[9]。路锦非结合精算模型,在制度赡养率水平约束下,测算出我国养老保险最适应综合费率应为 20%,企业与个人依次承担 15% 与 5%[45]。陈曦等也对延迟退休政策进行了研究,认为要保证基础养老金替代率不下降,统筹费率需进一步下调至 15%[92]。

部分学者对养老保险费率水平进一步下降的空间并不看好,认为实际空间非常有限。陆满平提出,基本养老保险费率水平的下降空间是很难估计的,存在较大的不确定性[93]。孙永勇等提出养老保险费率下调的前提是覆盖率与征缴率的提升,但由于养老金支出存在较大刚性,所以不存在较大的降费空间[94]。张锐等通过省级面板数据进行实证研究,认为受替代率、赡养率等指标的约束,我国多数省(区、市)不具备降费的可能,只有沿海少部分发达省(区、市)如浙江、广东存在一定的降费空间[95]。

(六)文献述评

随着社保降费、征缴体制改革等一系列政策的推进,养老保险筹资问题已成为近年来学界关注的热点。已有文献的贡献主要体现在以下几点:①通过梳理我国养老保险制度的发展、现状与问题,对政府责任给予了比较清晰的定位,同时,还解释了提升基本养老保险自平衡能力的重要性;②为优化基本养老保险筹资机制提供了几个可能的方向;③在不同背景与条件下,比较、分析并研究了征缴模式的选择对征缴能力的影响,同时在不同制度环境下探寻征管层面可行的改革路径;④对养老保险费率的确定、变化及影响提供了大量的参考依据,特别是从多个角度对养老保险费率调整所产生的效果进行分析与解释,为费率优化指明了目标与方向;⑤研究与分析养老保险统筹提高的必要性与实现方式,以中央调剂金制度作为过渡,或能逐步实现我国基本养老保险的全国统筹。

已有文献存在的不足包括:对于养老保险筹资机制的研究过于宽泛,对于筹资机制的界定缺少准确、全面的界定,仅从几个角度切入,缺乏完整的研究架构。特别是国内现有的研究成果多针对部分参数的调整进行测算或相关关系的分析,与基础理论的结合十分缺乏。同时,由于对养老保险筹资中的权、责、义务缺乏更加详细的梳理和研究,尤其是对制度发展中责任的转移以及对应承担比例的变化，所以，难以探寻现阶段制度所存在问题的根源。制度的构建中权责边界一开始就不明晰，导致了政府财政兜底的无限责任，对于基本养老保险制度自身的优化与自平衡能力的体现则不够充分。

与此同时，以往学者对于养老保险筹资大多从单一角度进行研究，即借助单一经济模型，如生命周期模型、世代交叠模型、福利经济学模型等，对于最优费率的探寻往往基于过多的假设，而实际结果多低于当前养老保险制度的名义费率，与中国实际情况存在一定脱钩，参考意义与价值不大。更重要的是，中国养老保险的计发标准存在很强的制度刚性，存在"降费率、保计发"的制度要求，养老保险的实际支出存在较强的外生性。因此，在借鉴单一外国相关模型来研究中国问题时，存在一定的"不接地气"现象。养老保险制度是社会保障体系中的重要组成部分，是一项重要的民生工程，该制度受多方面因素的影响与制约，如国家与地区的经济发展水平、政治体制、文化传统、财政结构与状况、人口结构等。因此，仅通过经济学单一模型进行分析研究，易导致对实际状况研究的理想化，削弱研究的现实价值。

未来可在以下方面继续深化该领域问题的研究：①在制度层面分析中央政府与地方政府对养老保险责任的合理划分，从而为养老保险确定合理的统筹方式营造适宜的制度环境；②养老保险费率的降低与费基的联动效应，以及征管模式的转变所产生的实际效果。

三、研究思路

近年来，人口老龄化及一系列的外部冲击对我国养老保险制度的可持续发展造成重大影响。在我国，政府对于基本养老保险具有"兜底"的责任，因此基本养老保险的收支平衡压力将直接转嫁至政府财政之上。为顺应当前政策环境与经济形势，我国基本养老保险需提升自身平衡能力，减少对财政补贴的过度依赖。由于人口老龄化短期的不可逆性，基本养老保险支出端难以控制，因此需以收入端为突破口，对我国基本养老保险筹资机制进行系统性的优化。养老保险筹资为养老保险制度提供物质基础是制度可持续的基本前提。科学合理地为该制度筹集稳定、优质的资金，不仅会促进整个制度的正常运行，还对国民经济与社会福利产生深远的影响。研究筹资机制，首先需要理清养老保险制度发展的整个脉络，从历史渊源到发展现状，探究筹资层面产生问题的原因，并针对问题探寻可能的优化路径。因此，本书以基本养老保险筹资机制优化作为研究对象，聚焦筹资机制中的筹资能力、结构与水平等问题，讨论了我国现行养老保险筹资中存在的问题及其原因。同时，参考借鉴了相关理论与研究成果，以及部分国家、地区的实践基础和经验，以期为我国养老保险制度在筹资层面的改革提供参考与建议。本书的具体内容主要包括以下几点。

（1）对养老保险筹资机制给予定义，设计相应的研究框架。以基本养老保险制度中政府的公共财政职能与责任为起点，逐步深化，厘清各主体在养老保险筹资中的实际责任与承担比例。然后，以政府作为主要研究对象，分析政府的筹资责任如何转嫁至财政之上，厘清在养老保险筹资中政府职能的有限性以及加强养老保险自平衡能力的必要性。通过对筹资机制的分析与研究，在本书的框架内，将其分为筹资责任、筹资能力、筹资结构与筹资水平几个层面，并以此为切入点，在理论分析的支撑下选取优化筹资机制的政策与路径。

（2）从筹资机制的视角出发，梳理我国养老保险筹资制度的发展历程与现状，整理各主体筹资责任在其中的变迁与转移，分析所产生的具体效果。然后，结合目前养老保险筹资中所存在的一些实际问题，去探寻症结所在。

（3）从征缴效率、费率水平与统筹调剂3个角度出发，通过理论与实证分析，去探寻筹资机制的影响因素，结合实证结果整合出优化养老保险筹资的可能选择与路径。通过政策模拟与精算模型测度优化后可能的效果，并结合相关指标体系进行衡量。

（4）参考实证结果并结合当前制度环境，继续围绕征管、费率与调剂金3个角度，有针对性地提出相关建议与对策，以便推进基本养老保险筹资制度优化，为下一步养老保险制度改革构建良好的制度环境。

本书的研究路线如图1-1所示。

第一章 导论

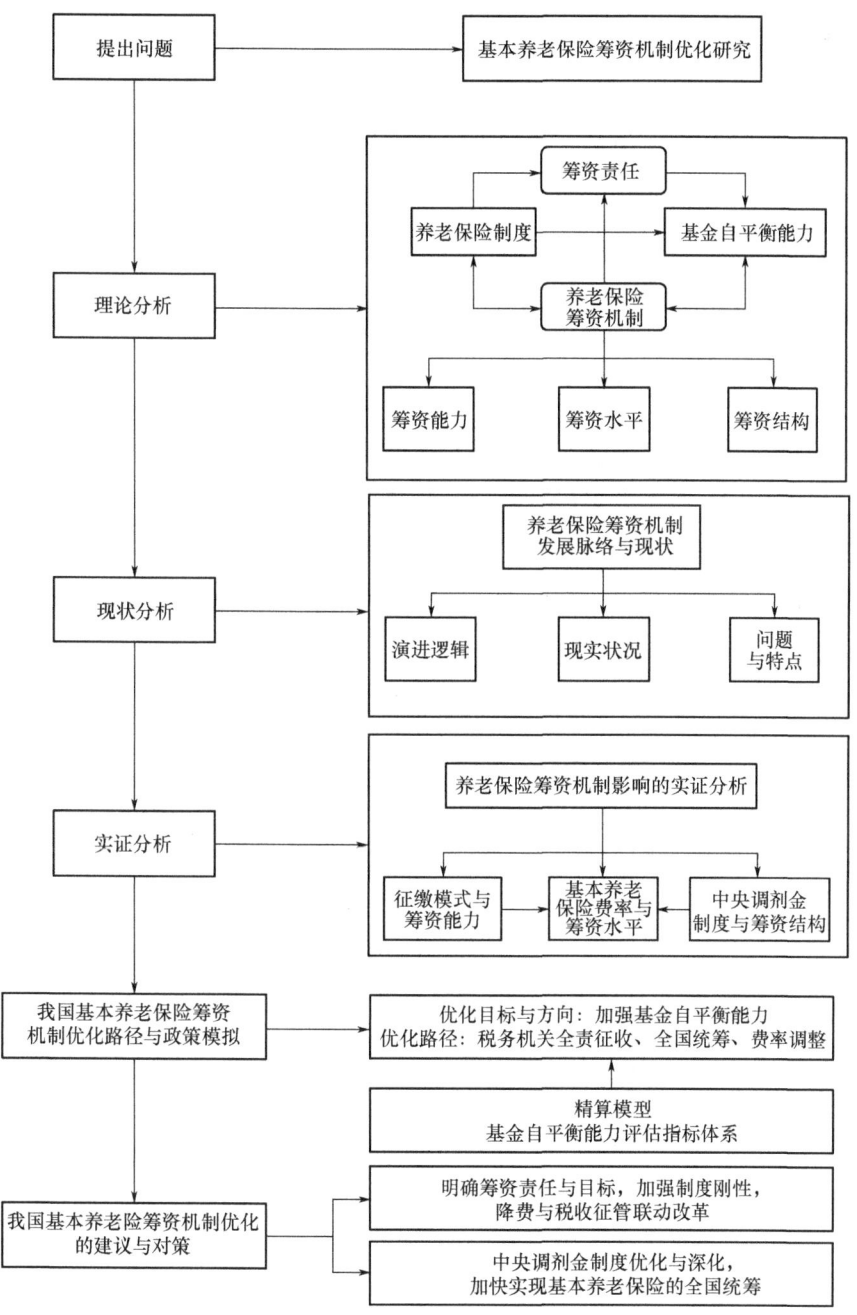

图 1-1 本书研究路线

四、研究方法

本书结合历史与现状、国内与国外文献,采取跨学科的研究方式,从多角度对本核心论点予以论证。首先,通过对中外相关文献与研究成果进行整理、分类,再进行收集、阅读、浏览,掌握能够获得的最新数据,对养老保险筹资的起源、发展与现况进行充分的了解,进而总结问题,寻求优化路径,并通过相应的研究手段与工具,进行比较与论证,探寻可能的优化路径。具体方法如下。

(1)文献研究法。通过研读制度经济学、财政学、税收学、公共管理学等领域相关文献和经典著作,了解养老保险筹资相关选题的研究进展,具体涉及以下几点:基本养老保险制度中政府责任概念的界定与衡量,财政政策对养老保险筹资有效性的主要影响因素,财政政策对筹资水平、筹资结构与筹资效能的影响效果,确定与完善养老保险征管模式的操作路径、费率的选择及对中央调剂金上解比例的测算。并且,以多角度归纳与总结已有文献存在的不足,在此基础上提出本书的边际贡献。

(2)规范分析法。第一,总结并定义了养老保险筹资中的政府责任,提炼出对应的影响养老保险筹资有效性的主要因素,对比分析了不同征缴模式与费率标准下的筹资能力与筹资水平。从统筹层面出发,以基本养老保险资金的调剂能力作为切入点,阐释对筹资结构优化的有效性。第二,系统梳理和分析我国养老保险筹资制度的发展脉络,比较分析相关内容制定与实施的现状及主要特点。第三,剖析当前养老保险筹资中存在的问题及成因,并据此提出基于政府有限责任下养老保险筹资中相关政策制定与实施的建议。

(3)实证分析方法。通过全国人大与各级政府部门网站、北大法宝数据库、税屋网等渠道搜集整理养老保险筹资相关的政策文本,基于文献计量分析方法,从政府的视角出发,对我国养老保险筹资的发展脉络与现实状况进行梳理;通过《中国保险年鉴》《中国养老金融调查报告》、国泰安 CSMAR 数据库中的上市公司财务报表数据库等,使用对应的实证方法,对相关政策在筹资水平、筹资效能等层面的优化进行实证检验及效应评估。

五、可能的创新与不足

（一）本书可能的创新

（1）明确的问题导向。本书以基本养老保险作为研究对象，解释与分析我国基本养老保险筹资机制对应的影响因素，并针对这些影响因素去探寻实现机制优化所需要解决的限制性因素。而对限制性因素的解决，则是能够实现养老保险筹资机制优化的关键。

（2）较为新颖的理论研究框架。本书系统地对我国基本养老保险制度内的筹资机制进行分析与研究，并针对当前所存在的问题，设计了对应的优化路径。本书把目前与基本养老保险筹资相关的一系列政策系统结合在一起，通过结合制度的发展轨迹，大胆设计优化路径，并通过精算模型得出对应的优化结果。此外，以基金自平衡能力作为切入点，通过构建基本养老保险自平衡能力评估体系，对优化路径进行估计与检验。

（3）方法的创新。本书综合了精算理论模型与计量经济学研究方法。由于养老保险相关数据获得较为困难，本书作者整理了大量省市的财政决算报告，尽可能地对现有可获得的数据进行扩充，进而较为科学地分析了基本养老保险筹资机制对应的影响因素，并对优化路径予以检验与证明。

（4）跨学科的研究方法。养老保险制度本身属于公共管理学与财政学研究的交叉领域。本书以政府行为作为出发点，结合大量现有的理论与研究成果，采用了多学科的研究范式与工具，如制度经济学、法学、计量经济学、企业管理理论，从多个维度与视角进行分析与研究，以期于更好地探寻基本养老保险筹资机制优化的逻辑机理与实践路径。

（二）本书研究存在的不足

（1）在理论分析方面，对于筹资机制，受现有理论成果不足的制约，未能更加清晰、准确地对其进行定义。本书把筹资机制简单分为筹资责任、筹资能力、筹资结构与筹资水平，可能存在一定的不准确、不完整，不能全面对"机制"进行解释。对筹资机制的影响因素可能是多方面的，这远超本书所归纳的范畴。除正式制度之外，一些非正式制度，如文化、习俗等因素，可能会给本书的研究结果带来一定的偏误。同时，由于养老保险制度的发展具有长期性，在制度变迁中所产生的路径依赖与变迁成本，以及政府内部部门之间可能的寻租行为，都是本书未能充分考虑到的。

（2）在实证分析方面，本书的实证分析与精算测算均基于一定的前提假设与参数估计，许多估计与假设不够细致，部分数据通过推算得出，并不精准。更重要的是，官方公布的相关数据不足导致在进行实证分析时样本量不足，而且缺乏最新的相关数据，进而并不能较好地对书中部分观点和结论予以充足的支撑。

第二章　基本养老保险筹资机制的理论分析

第一节　相关概念界定

一、基本养老保险 ❶

基本养老保险是社会保险五大险种中最重要的险种之一。基本养老保险制度是在政策和法律的规定下建立与实施的一项具有部分强制性的制度，其制度目标为应对养老风险。其名称中"基本"二字表明了其本质属性：在有限的待遇水平下保障参保人退休后基本生活需要。首先，社会保险不同于社会保障，不应承担额外的养老职能，如对贫困老年人的救济等。其次，其不应被上升至社会福利的层面，基本养老保险应遵循谁投保谁受益的原则，不能将"基本"上升至"全覆盖"。最后，基本养老保险制度建立的前提是其自身必须能够实现良性循环，不能过分依赖于政府财政，政府对于基本养老保险并没有无限的"兜底"责任。

基本养老保险的缴费责任一般由国家、单位和个人3个主体共同或部分承担，多主体的缴费模式实现了广泛的社会互济。随着养老保险制度在全球范围的发展，现阶段世界各国适用的基本养老保险制度主要有传统型、国家统筹型和强制储蓄型3种模式。

（一）传统型

传统型的养老保险制度源于德国俾斯麦政府于1889年颁布的《养老保险法》，后被日本、美国等发达国家所采纳。该制度规定，参保人通过个人缴费方能领取养老金，且待遇水平与缴费总量挂钩。政府则通过税收优惠等

---

❶ 如未作特殊说明，基本养老保险均简称"养老保险"。

激励企业与个人的缴费行为，同时增加、补充养老保险相关投入，构建多层次的养老保险制度。

（二）国家统筹型

国家统筹型可以被简单概括为两种类型：一种以工资水平确定养老金待遇，实行"现收现付"的制度安排。在该制度下收益对象包括全体社会成员，支出责任全部由政府承担。该制度简单易行，运行成本较低，通过税收收入的再分配，为老年人提供基本的生活保障，但由于政府承担所有的支出责任，财政收入压力巨大，更多强调公平而忽视效率。另一种类型同样是由政府承担养老保险活动与筹资，无须个人缴费，且享受统一的待遇标准，但收益的对象只针对在职的劳动者，待遇水平相对固化，该制度更多存在于计划经济体制下的政府。

（三）强制储蓄型

强制储蓄型主要以新加坡和智利为典型代表。新加坡规定，每个人建立一个个人公积金账户，参保人与雇主共同缴纳保险金，政府不承担任何支付责任，只通过中央公积金局这一职能部门进行管理与投资运营，政府只作为管理者。智利则实现了养老保险账户的完全私有化，账户的运营也完全交给市场，政府只起部分监督职能。强制储蓄型养老保险模式更多强调制度效率属性，缺乏相应的公平性考虑，无法体现社会保险制度应有的保障职能。不同的基本养老保险制度模式对应着不同的制度目标，相应的各主体所对应的责任也存在很大差异，进而影响筹资、计发等多个环节。

二、筹资机制

"机制"的早期定义用于解释机器的构造、运行方式及系统内部之间各组成部分组合、传动的制约关系。随着社会的不断发展，其逐渐被人文社科类学科所采用，其定义也逐步演变为：引起、制约事物运动、转化、发展的内在结构和作用方式，包括事物内部因素的耦合关系、各因素相互作用的形式、功能作用的程序及转变的契机等。机制这个概念首先强调在一个系统内由各组成要素组成一种特定结构，然后在结构内要素间通过某种方式相互作用，以此形成合力，进而实现某种目标与职能。对应的，就筹集机制而言，预期实现的目标是对资金能够更好更多地筹集,而为了实现这一目标,需要明确筹资对象,确定筹资方式,划分筹资结构,衡量筹资能力,诸多要素相互作用,涉及多个领域。

而筹资由其中诸多要素所组成,对筹资机制的研究还包括对筹资要素之间关系的分析,以及如何协调这些要素之间的关系使之形成合力,相互影响,进而完成整个筹资行为。筹资机制的作用之一是能让筹资中的各个单独的部分共同运转起来,协调要素之间的关系,从而发挥能效。筹资机制的定义主要源于在企业筹资理论中对筹资管理制度的相关解释。在企业筹资行为中,其基本原则在于制定正确的筹资方案,确定合理的筹资来源,保证能够获得合理的资金数量。然后,控制筹资时间,降低筹资成本,提升筹资能力。最后,提高资金的运作效率,保持适当的负债水平。而对应的筹资机制优化的目标在于保证企业正常的资金供应量,降低资金成本,减少相应风险,加强资金使用的合理性。原因如下:在整个筹资流程中,为避免筹资具有盲目性,在筹资开始之前,需对筹资的收益性与可行性进行分析与测算,确保计划的可行;根据计划明确相应的筹资规模,搭建与之匹配的筹资机构;以降低筹资成本与提升筹资能力为目标,选择具有比较优势的筹资方式。对于筹资机制的研究,需对诸多因素进行综合考虑,包括筹资来源、筹资属性、筹资目标、筹资数量、筹资周期、筹资成本、筹资效果、筹资的合法性与规范性、筹资的方式与人员机构、筹资的监管等多个方面。企业筹资机制的定义与内容为基本养老保险筹资机制的研究奠定了基础。

三、基金自平衡能力

养老基金的平衡是养老保险制度可持续的必然前提。平衡能力主要针对财务层面,即对基金的收入端与支出端在某一时间节点贴现,通过分析该节点的当期与累计结余,判断基金平衡能力的高低。而基金自平衡能力这一概念主要针对传统型的基本养老制度,在该制度范畴下,由于政府具有"兜底"责任,进而导致基本养老基金的筹资渠道多样化,除制度自有的缴费收入与基金增值运营收入之外,还包括政府财政补贴、专项税收入、转移支付等一系列额外的补充来源。基金自平衡能力所强调的是在特定时间节点基金自身的收入水平（缴费收入与利息收入）足够支撑该时期的基金支出，而基金自平衡能力主要取决于当期结余，结余越多则能力越强。就我国而言，基金自平衡能力主要针对"小口径"的基金收入，不考虑财政补助，即只针对养老保险费缴费收入与基金增值部分，支出端包括退休参保人员每月基本养老金的计发与因参保人员死亡而发生的丧葬费（抚恤金）。基金自平衡能力是衡量基本养老保险制度可持续性的重要指标，是基本养老保险制度改革的重点与难点。

第二节　养老保险筹资理论基础

一、政府责任论

近代以来，政府责任论在西方应运而生。它遵循责任本位的逻辑安排，从权责关系走向责权关系，实现了从权力本位到责任本位的转变。

（一）政府责任论的实际内容

基于基本养老保险制度而言，政府责任论实际内容主要集中于以下几方面。

（1）政府的权力来自人民，必须对人民负责。即政府作为权力的代理人，必须要对人民负责，要以实现和促进人民的利益作为法理任务与政治使命。

（2）政府的责任是政府对社会公众的需求做出积极回应并采取措施，公正、有效地实现公众的需求和利益。基于基本养老保险而言，政府责任是为了满足公民与社会为防范养老风险产生的客观需求，以及对公民的养老需求的积极回应。

（3）政府责任由政府与责任两个概念所构成，其中，政府是主体，但却不是唯一主体。分析与研究基本养老保险中的政府责任，一般从以下两方面展开：一是基于基本养老保险制度而言不同的责任主体应该如何定位，政府能否帮助实现这些定位；二是政府自身责任构成的要素之间如何定位，中央政府与地方政府之间、政府内部相关的职能部门之间责任的明晰。

（4）政府责任的存在要求政府对基本养老保险制度的运行与可持续负有责任，但与此同时，责任也必须与权力相匹配。因此，应该明确责任的边界，通过数字化、指标化的标准与明确的制度规定（养老保险预算、基金管理、待遇支付水平等）将其量化，帮助公民与企业建立合理且稳定的预期。同时，通过政府工作报告加强公民监督与问责机制，提升政府效率。政府将更加关注基本养老保险制度的发展，将财政政策、职能部门与法律约束相结合，充分切实履行基本养老保险制度中的责任。

（二）政府责任的构成要素与组织结构

基于基本养老保险制度而言，可以从宏观整体角度对政府责任予以定义，并分析其构成要素及要素之间的相互作用与关系。

1. 制度设计的责任要求

养老保险制度是社会保障体系中的重要部分，政府需要对其进行搭建与设计。作为一项民生项目，政府对养老保险制度的制度目标必须有着清晰、合理、科学的认识。相比养老保险中其他两个主体，政府更有实力与责任去承担制度的构建、维护及发展所需要的成本，同时还需要优化个体选择，弥补个体理性不足，协调主体间的关系。"制度是为决定相互关系而人为设定的规则"，其本质属性决定制度的构建与设计只能由政府来完成，因为个体都存在一定利己性，只有政府出面方能从宏观与公共福利的视角出发，统筹兼顾，确保制度的公平性与可持续性。

2. 财政供给责任要素

基本养老保险实际保险职能的执行过程为：通过经济手段去防范居民可能承受的养老风险，同时对收入进行调节与再分配，加强社会公平，进而缓解社会矛盾，增进社会整体福利。目前，各国政府介入养老保险最直接的方式是通过财政为其提供支持，维持其稳定，财政的供给责任是基本养老保险政府责任中的核心要素。财政一般主要通过两种方式履行其供给责任：①财政补贴，通过财政拨款和转移支付直接填补基本养老金；②税收优惠，通过税前列支的形式，间接填补缴费方的实际支出。

我国基本养老保险制度经过数十年的变革，逐渐发展为现阶段的部分积累筹资模式。政府在其中的实际责任也在不断发生变化。目前,财政中的供给责任可以主要分为以下几点。

(1) 兜底责任。理想的基本养老金能够实现自身的平衡,自身收入能够支撑实际支出。但受人口结构、抚养比例、经济增长速度、缴费率等一系列因素影响,基金面临一系列的不确定风险,对其平衡性造成冲击。因此,为应对实际操作中由不确定性所产生的不可避免的"缺口",政府需要通过财政进行兜底。

(2) 财政补贴责任。该模式主要采取财政分担及转移支付的方式进行。由于不同地区、职业、人群的实际缴费能力与收入结构存在较大的差异,需要通过财政补贴进行相应的调节。例如,从属机关的公务员与事业单位职工、城乡居民等在养老金的缴费环节都享有不同程度的补贴优惠。

(3) 历史债务责任。我国经历了计划经济向市场经济的转型,我国基本养老保险制度也随之发生了一系列的调整。大量国企职工的养老金缺口、"老人"缺少的个人账户和"中人"需支付的过渡资金构成了我国特有的转制成本,遗留的历史债务与社会统筹缺口应由中央与地方政府分别承担。转制成本是基本养老保险制度改革与发展的必然产物,政府有责任进行清偿。

3. 组织实施责任要素

为了基本养老保险制度正常运行,政府在其中的组织实施责任是最为基本的前提。政府有责任去建立基本养老保险相关的组织机构,如相应的管理与经办机构,并负责制订基本养老保险发展计划,进行养老保险费的征缴工作,制定养老金的计发办法,进行管理与监督。就我国而言,人力资源和社会保障部、财政部及国家税务总局都是涉及养老保险相关事务的职能部门,相应的内设机构对基本养老保险进行统一管理与维护。

4. 监督管理责任要素

基本养老保险制度合理、有效率运行离不开一定的监督与管理机制,而政府作为"守夜人"提供监管是其基本属性。针对基本养老保险制度而言,政府对其监管职能具体可以细分为以下几点:①监管模式的选择,包括分散监督、集中监管与集散结合监管等模式;②构建监管体系,设立对国家权力机构、行政、司法、社会的多层次、多维度的监管体系；③日常监督与基金监管。日常监督是政府通过专项监督、不定期监督等形式对基本养老保险制度日常运行进行监督。基金监督是为了保证基础养老金的增值保值，对相应的基金管理组织进行资格审查与投资运营过程监督。

针对基本养老保险制度而言，政府责任还体现在对个人短视、道德风险、逆向选择及代际和代内的收入分配的影响。以个人短视为例，由于基本养老保险的功能体现在应对个体退休后劳动能力与收入水平下降所产生的风险，存在个人短视的可能，个人在年轻的时候并不能都充分预见自己退休后可能遭受的风险，所以就需要政府出面通过具有一定强制性的制度安排去纠正个人的非理性与短视行为，进而保持社会的稳定繁荣。因此，基本养老保险制度的本质属性就已经决定其具有不可分割的政府责任与义务，是促进社会公平、提升公民福利的客观需求。

二、制度变迁理论

制度变迁理论是制度经济学中的重要组成部分，产生于20世纪70年代前后。制度变迁的基本原理是原有制度被新的制度所取代，而学界对其研究的要点则主要集中于这种取代行为是如何发起与进行的。制度变迁可由多种方式进行，根据标准的不同，主要可采用3种类型：需求诱致性与供给强制性制度变迁、自发演进的与人为设计的制度变迁、激进式与渐进式变迁。

需求诱致性与供给强制性制度变迁模型是由拉坦和林毅夫所提出的。需求诱致性制度变迁主要是由个体或群体因逐利自发提出与施行的；供给强制性制度变迁是通过政府法令的直接引入而实现的，其变迁主体为政府与国家。需求诱致性制度变迁在利益驱动下产生，而供给强制性制度变迁可单因选民投票而发生改变。在制度变迁对现行制度进行变更的过程中，会面临两种可能的成本，即激励成本与信息成本。具体结合需求诱致性制度变迁方式而言，在该模式下，由于需求可以减少对应的激励成本，进而减少制度变迁所产生的总成本。而信息成本则主要受政府内部的机构设置及相关基础设施条件直接影响。由于国家的存在，统治者对于制度的设计有安全与稳定的诉求。由于公共品具有外部性属性，对于公共品的供给，政府比私人更有效率，因此强制性的制度变迁在实际操作中也是一种重要的变迁方式。

自发演进的制度变迁和人为设计的制度变迁是传统且具有最深远影响的模型。自发演进的制度变迁中，事物的变化是随机产生的，无法人为干预与预测，而人为设计的制度变迁则恰好相反。具体而言，正式制度主要是人为设计或引进的，而大多数非正式制度如规则、文化与习俗多半是通过自身发展而形成的。正式制度与非正式制度的制度刚性存在差异，直接影响制度变迁成本，进而决定变迁模式。

激进式变迁方式与渐进式变迁方式是针对苏联等国家从计划经济向市场经济转轨问题所提出的。激进式的制度变迁也称"休克疗法"，是指在短期内采取刚性政策，强制性地进行制度变迁；渐进式的制度变迁是指采取分阶段的方式，在不同部门、地区和群体中，从局部到整体，逐步进行推进式的改革。它具有周期长但助力与成本较小的特点，容易被控制，可及时消除改革进程中的障碍与矛盾。

以上为目前最为主要的 3 种制度变迁方式。制度作为一种稀缺的公共物品，是利益冲突的折中产物，制度变迁的背后，是不同利益群体博弈的结果。博弈是制度变迁的原动力。当期制度的稳定建立在制度的供给与需求基本均衡条件之上，任何一方的提高，都会产生新的博弈，进而需要创造新的制度与之匹配。我国养老保险制度改革存在多种形式的制度变迁方式，是一种由政府人为设计，既具有强制性又包含诱致性的混合型制度变迁。制度变迁理论研究对我国基本养老保险制度改革与筹资机制优化意义重大。结合制度经济学相关理论，可以简单得出以下几点简单结论：①政府是对养老保险筹资机制优化的重要主体之一，能够产生决定性的作用，为制度变迁提供刚性制度支撑，明确制度的变迁方向；②应充分考虑我国基本养老保险制度的发展历程与历史因素，结合政治与经济体制，更加准确地去估计路径依赖与转轨成本；③要更加精准地进行制度设计，充分调动市场与各主体的活力，减少制度变迁成本，构建多体系、多层次、多渠道的基本养老保险筹资机制。

三、委托-代理理论

委托-代理理论是现代经济学研究委托人与代理人之间关系的重要手段与工具。在现实经济活动中存在大量信息非对称的情形，如企业中雇员与雇主之间的雇佣与特定工作的委派等。这些关系的共性为：委托方与被委托方之间存在利益关系，同时委托方对于被委托方的行为不能够很好进行控制，只能通过间接性与软约束性的方式影响被委托方。在很多时候，委托人与被委托人之间的偏好是存在一定差异的，二者的行为目标很难达成一致。传统的委托-代理理论基于相应的基础假设，即代理人是"理性经济人"，追求自身利益的最大化可以隐藏其行为，且与委托人之间存在一定的信息不对称。因此，代理人存在因追求自身利益最大化而与委托人利益发生冲突的行为，出现"逆向选择"与"道德风险"，而激励问题是委托-代理理论中所需要研究的核心。委托-代理理论是信息经济学的重要组成部分。而信息经济学所要研究的问题是在信息不对称的情况下如何得到最优安排。信息的非对称主要从非对称发生的时间与非对称信息的内容两方面展开。从非对称发生的时间进行研究，可分为两种情况：事前非对称，即构建逆向选择模型；事后非对称，即构建道德风险模型。以非对称信息的内容进行研究，其可以指参与者的行为，也可以指参与者的知识。对应的研究模型可以被分为隐藏行动模型与隐藏信息模型。

在信息经济学中，将"代理人"设定为拥有私人信息的参与方，而"委托人"对应不具备私人信息的一方。以此为基础，构建出相应的委托-代理模型。委托-代理理论模型根据其基本特征差异可简单分为以下几种。

（一）隐藏行动的道德风险模型

委托代理关系建立后，由于存在信息不对称，委托人只能观察到最后的结果，对于代理人的行动无法充分了解。因此，委托人只能通过设计相应的激励条款影响代理人行为，诱致其选择对委托人更有利的行为。

（二）隐藏信息的道德风险模型

代理人能够观测到自然选择，采取相应的行为。但由于存在信息不对称，委托人观测不到自然选择，只能观测到代理人的实际行为。因此，委托人需通过设计相应的激励条款，影响代理人去作出在自然选择约束下对委托人最优的选择，对自然状况进行真实的反馈。

（三）逆向选择模型

自然选择决定代理人的类型，由于信息不对称，只有代理人知晓自身类型，委托人并不知晓，由此形成委托人与代理人的委托 – 代理关系。

（四）信号传递模型

自然选择决定代理人的类型，由于信息不对称，只有代理人知晓自身类型，委托人并不知晓。因此，在建立委托代理关系之前，代理人会向委托者释放某种信号，影响其选择，委托者受观测信号影响进而与代理人建立委托 – 代理关系。

（五）信息甄别模型

自然选择决定代理人的类型，由于信息不对称，只有代理人知晓自身类型，委托人并不知晓。因此，委托人设计出多种合同供代理人选择，代理人通过选择，进而与代理人建立委托 – 代理关系。

针对以上不同的模型，选取了对应模型的应用举例，见表2-1。由表2-1可以发现，同一种交易关系可能涉及多种模型。

表2-1 不同委托 – 代理模型的应用举例

模型	委托人	代理人	行动、类型和信号
隐藏行动的道德风险模型	保险公司 股东 债权人	投保人 经理 债务人	不健康生活习惯 努力工作程度 项目风险
隐藏信息的道德风险模型	原告/被告 股东 债权人	代理律师 经理 债务人	胜诉几率/辩护努力程度 市场需求/投资决策 项目风险/投资决策
逆向选择模型	保险公司 雇主 债权人	投保人 雇员 债务人	健康状况 工作能力 项目风险
信号传递模型与信号甄别模型	保险公司 雇主 投资者	投保人 雇员 经理	健康状况/赔偿办法 工作技能/教育水平盈利率/负债率 内部股票持有比例

委托代理理论的渊源来自法律中的相关概念，其中对"委托人"与"代理人"的界定为：当个体 X 授权个体 Y 进行某种行为时，即建立了委托–代理关系。经济学以此为基础进行了发展，其定义泛指基于信息不对称条件下的交易行为，代理人的设定为具有信息优势的一方，委托人则为相对具有信息劣势的一方。建立委托–代理模型旨在解决以下问题：由于委托人无法对代理人的行为进行直接观测，为加强自身利益，委托人只能通过所能获得的有限信息，通过部分间接变量，构建相应的激励与惩罚机制去影响代理人行为。其中委托人的期望效用函数可以表示为

$$\int \upsilon(\pi(\alpha,\theta)-s(x(\alpha,\theta))g(\theta)\mathrm{d}\theta \tag{2-1}$$

式（2-1）为委托人所追求效用最大化的期望效用函数，而想要实现效用最大化，需面临来自代理人的对应约束条件。条件包括：①参与约束，即代理人在建立委托代理关系后所获得的效用不能低于对应的机会效用，这是行为人做出行为的前提；②激励相容约束，即由于委托人与代理人之间存在信息的不对称，委托人对于自然状态与代理人行为都无法获得充足的信息，而代理人在经济人属性下只会选择自身效用最大化的选择，不论提供怎样的激励，都无法改变这一本质属性，因此，委托人只能通过提供影响代理人效用最大化的方案间接影响代理人的行为。

四、基金收支平衡理论

针对养老金的基金收支平衡理论主要分为精算理论与会计平衡理论，其中精算理论包括利息理论、生命表理论与生存分布。

（一）精算理论

1. 利息理论

影响养老保险基金收支平衡与结余的重要因素之一为基金利息的核算方式。其可演化为利息理论，主要包括终值与现值理论，对应划分为单利模式与复利模式。结合相关研究，在对现值与终值进行测算时，多采取复利模式进行计算，具体可被表示为

$$A_n = 1 \times (1+i_1+i_2+\cdots+i_n) \tag{2-2}$$

其中，第 t 年的实际利率为 i_t，则一单位元第 n 年末的终值为 A_n。将一单位元折现到 n 年前，记折现值为 D_n 为

$$D_n = 1/(1+i_1+i_2+\cdots+i_n) \quad (2\text{-}3)$$

对养老金制度而言，现值理论的运用多被用于个人账户的平衡测算，即参保者未来获得的养老金收入的现值、退休节点个人账户的累计缴费总额与利息之和，而影响其终值的关键在于实际利率 i_t。参保者未来每期所获得的养老金等于积累总量与发放总月数之比。由于给付总时间受预期寿命直接影响，因此现值与寿命也存在较大相关性。所以，个人账户的平衡性受平均预期寿命显著影响。

2. 生命表理论

生命表主要采用生命表函数研究人口死亡的规律，进而对人口状况进行分析与预测，其中对应的基本函数表示如下。

l_x：x 岁存活的人口数（整数），$0 \leq l_x \leq y-1$（y 为人口生命的终极年龄）；

$_nd_x$：在 $x \sim x+n$ 岁区间内死亡的人数；

$_nq_x = {_nd_x}/l_x$，即 x 岁的人在 $x \sim x+n$ 岁区间内的死亡率；

$_np_x = l_{x+n}/l_x$，即 x 岁的人在 $x \sim x+n$ 岁区间内的存活率；

$_nl_x = l_x - {_nd_x}$，即 x 岁的人在 $x \sim x+n$ 岁区间内的存活人数。

3. 生存分布

在实际生活中，年龄是个连续的随机变量，假设新生儿的死亡年龄为 X，其分布函数如下：

$$F(x) = \Pr(x \leq X), X \geq 0 \quad (2\text{-}4)$$

$$S(x) = 1 - F(x) = \Pr(X > x), X \geq 0 \quad (2\text{-}5)$$

$$M(x) = \Pr(x < X \leq z) = F(z) - f(x) = S(x) - S(z) \quad (2\text{-}6)$$

其中，$F(x)$ 为新生儿在 x 岁前死亡的概率，$S(x)$ 为新生儿活到 x 岁的概率，$M(x)$ 为新生儿在 $x \sim z$ 岁死亡的概率。

生命表理论主要研究平均人口寿命的变化，以及人口结构中年龄、性别与群体的差异化。随着经济的高速发展，医疗水平与养老保险保障水平不断提升，人们的生活质量也随之不断优化，人口平均预期寿命也随之增加，这加重了人口结构老龄化。此外，生命周期的选择需结合不同的需求与条件，针对不同的人群充分体现其差异性，有针对性地进行选择与研究。

（二）会计平衡理论

基金进行平衡测算所遵循的平衡原则一般主要指的是会计学意义上的平衡，即主要通过贴现的方式，针对某一时间节点基金的收入端与支出端测算出在该节点上的当期结余与累计结余，以此判断基金的平衡能力与水平。

设当期基金结余为 N_o，前一期累计结余为 N，当期收入端流入为 I，当期支出端流出为 O，则平衡应满足

$$N_o = I - O + N \qquad (2-7)$$

以当前我国统账结合模式下的基本养老金制度为例，对应的统筹账户与个人账户由于计发标准上存在差异，需分开进行管理，依次核算其平衡能力。精算理论是研究与分析养老金体系平衡能力的主流研究范式与研究框架，其基于会计理论，结合养老保险制度相关理论、人口与经济理论，综合分析与评估影响养老金制度的一系列相关变量，如生育率、劳动参与率、缴费率、工资增长率、死亡率、失业率等，并对这些变量进行系统分析，进而给予评估与假设，在此基础上判断基金的平衡能力与对应冲击的实际影响。与此同时，由于养老金的给付是刚性需求，必须在当期达到会计平衡，因此，如何为基金提供充足的收入来源至关重要，而这需要健全的筹资机制方能实现。目前，我国统筹账户其实质仍为现收现付制，由于其筹资总量不足，各省多暂借个人账户资金去填补收支缺口，进而导致个人账户"空账"现象的产生。

我国基本养老保险中个人账户的支付原则为"付完即止"，账户自身平衡较易实现。因此，我国养老金的会计平衡测算一般情况下主要针对统筹账

户。本书重点关注筹资机制对养老保险平衡能力的影响，所涉及的理论与模型的选取主要针对收入端，收入来源主要针对单一征缴收入。因此，对征缴率等相关变量会进行更加综合与准确的估计，同时，引入相关制度变量，并结合现实的制度环境，真实评估我国基本养老保险基金自身的平衡力，再结合利息、会计平衡及精算公平等理论，对养老金的收入、支出、结余与累计结余通过精算技术测算进行相应的分析与研究。

第三节　养老保险筹资机制的基本要素

筹资是养老保险制度中的关键环节，是制度可持续的基础与前提。朱镕基总理曾提出："进一步完善社会保障体系的关键在于有一个稳定、可靠的资金筹措机制，依法扩大社会保险范围，提高收缴率。"通过对筹资机制进行优化，可以降低筹资成本、加强管理效率、优化筹资渠道。基本养老保险筹资机制是由养老保险制度的管理者所实施的一整套的制度安排与管理制度，一般这个管理者由政府扮演，与之相关的有筹资资金来源的可靠性与稳定性，对相关各个主体的影响，筹资的具体方式、管理成本等方面。筹集机制是为养老保险提供收入的基础，是制度的前提。因此，基于筹集机制的定义，其基本要素可以主要分为以下几项：筹资模式、筹资水平、筹资责任、筹资能力、筹资渠道、筹集激励、筹资标准等。从本书出发研究完整的筹资机制显然不太现实，基于此，在本书范畴内，针对筹资机制，主要从筹资责任、筹资能力、筹资结构与筹资水平4个方面展开分析与研究。其中，筹资责任是筹集机制中的首要环节，其明确筹资的对象与资金来源。而筹资对象能担负其责任关乎制度的可持续性。筹资能力处于筹资的中间环节，涉及资金通过何种途径筹集，是以"费"的形式还是以"税"的形式，相关职能部门的实际成本与征管效率。筹资结构在本书侧重于基金的来源渠道结构，即按照全国统一标准、渠道与方式进行，还是不同地区、行业与人群存在差异化的标准。筹资结构决定基金的流向与最终的归宿，间接确定了基金的流出与支出责任。筹资水平聚焦确定适合的资金筹集标准与总量、费（税）率水平的高低、各主体应该提供的资金份额，以满足经济发展与社会福利的客观需要，追求效率的同时兼顾公平。图2-1以目前世界主流基本养老保险的筹资机制为例，分别对筹资机制各个组成部分予以解释。

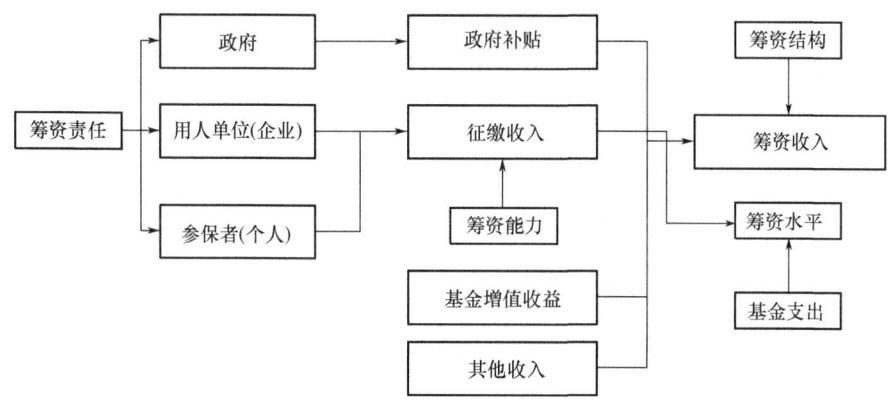

图 2-1　基本养老保险筹资流程中的筹资机制

在整个筹资流程中，首先需要确定筹资来源。基本养老保险筹资来源主要为征缴收入与政府补贴，分别涉及企业、参保职工与政府3个主体，而征缴收入与政府补贴在筹资收入中对应的比例取决于三者筹资责任的大小。其中，政府这一主体由于存在层级差异，导致了筹资结构的差异。由于各国政治体制不同，中央政府权力较强的国家筹资结构较为集中，权力较弱的国家结构较为发散。对于征缴收入而言，在既定筹资标准的约束下，由于存在缴费（税）的不遵从行为，筹资能力的大小能够直接决定征缴收入。最后，征缴收入与政府补贴共同决定了当前筹资水平的总量。由于基本养老保险具有社会福利的属性，支出具有一定刚性，很难做到"以收定支"，因此，筹资水平的大小受费率水平直接影响，费率水平的高低不仅决定了为实现当期基金收支平衡所需征缴收入与财政补贴对应比例，也会影响缴费主体的缴费行为。

基于此，通过梳理整个筹资流程，经过精炼与整合，本书把构成筹资机制的基本要素设定为筹资责任、筹资能力、筹资结构与筹资水平，并通过这

4个角度搭建基本养老保险筹资机制的研究框架。

一、养老保险筹资责任

筹资责任是养老保险筹资机制最重要的组成部分之一。养老保险筹资的首要问题是哪些主体对筹资负有责任，责任的大小又该如何划分。筹资责任直接决定资金的来源，在基本养老保险筹资的各主体之中，政府的责任与职能至关重要。政府虽然为防范养老风险、维持社会的稳定负有一定的筹资责任，但应是有限责任，企业与参保者个人也应承担相应的责任。基本养老保险筹资在政府、企业与个人3个主体之间应该如何分配，如何划清各自的边界，是筹资责任的核心问题。不同的基本养老保险制度和不同资金来源与计发标准，导致其中的筹资责任也存在一定的差异。从世界各国基本养老保险制度的实际发展状况看，基本养老金的来源主要为政府税费、用人单位与个人缴费，而政府、单位与个人相对应的筹资责任的定义与边界也存在较大差异。

（1）政府的筹资责任。政府对传统型基本养老保险在制度建设、组织管理、运营调控等诸多方面都负有直接责任。但由于政府资源与能力的有限性，政府责任的首要负责目标应为对应的公共养老风险，对于个性化、差异化的养老需求与风险偏好，企业、个体和市场应该共同承担对应的筹资责任。

（2）企业的筹资责任。参保者在就职期间，作为企业的劳动力，为其创造价值、带来财富，为雇主创造了剩余价值。职工在其生命周期内，为所在企业奉献了自己，为企业创造了财富，因此企业有责任基于职工工资标准，承担职工的部分基础养老成本，以应对职工劳动能力减弱、无法取得正常收入所产生的一系列养老风险。除基本养老保险中的企业缴费行为之外，企业年金制度也是企业筹资责任的重要体现。

（3）个人的筹资责任。个人养老保障是理性经济人的基本需求，由于理性人对自身一生财富分布偏好倾向于更加平滑，因此，为应对退休后收入水平的大幅下降，个体会针对其预期提前选择储蓄或者保险，寻求自身保障。同时，由于社会保险共济性的需要，每个劳动者都有为公共基金筹资的责任与义务。

此外,由于我国基本养老保险制度经历了一系列的改革,根据改革的时间节点,养老金计发办法把收益人群分为了"老人""中人"与"新人",针对不同人群的筹资责任对应也存在着一定的差异。其中,"老人"由于在职期间收入水平不高,因此个人储蓄能力不强,同时,"老人"所创造的社会财富却远远大于其所取得实际收入,对于未来对这部分人群的所需支付的筹资责任理应由政府来承担更多;"中人"经历了改革的过渡期,由于制度发生了变迁,而变迁的成本产生了相应的资金缺口,对于这部分补偿资金,政府作为制度的发起者,理应承担对应的筹资责任。"新人"是新制度的完全受用者,其退休后的待遇计发应由新制度自行承担,属于制度内部的筹资责任分配,分别由相关主体承担。

二、养老保险筹资能力

筹资能力这一概念一般被运用于企业筹资,企业筹资能力一般通过发行债券的能力、向银行借款的能力及发行股票的能力来表示。企业规模越大,效益越好,对应的筹资能力也就越强。筹资能力是对各项收入能力的集中体现。而基本养老保险制度的收入来源主要来自缴费收入与基金结余增值收入,基金结余的数量也主要取决于缴费收入的相对数量。养老保险收入不等同于养老保险缴费收入,其制度内筹资对象主要针对企业与参保个体,来自这两主体的收入实质上就是缴费收入,

因此,基本养老保险筹资能力可以近似等价于基本养老保险缴款征管能力。目前,直接涉及社保缴款征管能力的文献并不多,多数参考资料都是从税收征管能力的角度进行延伸,进而论证。由于基本养老保险费缴费具有一定的税收属性,参考"工薪税"的前提并结合税收征管能力研究中的一些范式,可为本书研究提供一定的参考。有学者认为税收征管能力可被简单分成3部分:纳税能力、征收能力及税收努力。潘常刚将社会保障缴款征管能力定义为:对应的征管机构依法对筹资主体征收社保缴款的能力以及管理效率[96]。因此,基本养老保险作为社会保险重要组成部分之一,其筹资能力可被简单定义为:在相关征缴模式下,对应征管机构

按照相应的筹资标准依法对筹资相关主体征收养老保险缴费的能力与管理效率。

三、养老保险筹资结构

筹资结构是指各种筹资方式之间的关系，也可以被解释为筹资总量中不同的资金来源所占的比例。关于筹资结构的研究，一般主要针对企业，即分析企业自有资金与贷款构成的比例对企业自有资金收益率和企业风险大小的影响。可以将其原理引入基本养老保险筹资的分析之中。由于基本养老保险制度的本质属于一项由政府管控且具有社会福利的公共制度，因此，国家的政治结构与政府层次对于基本养老保险筹资有直接影响。以中国为例，我国政府机构的管理层次依次为中央、省、市、县、乡（镇），这就导致对应的基本养老保险筹资结构呈现金字塔形：由县级到省级，再由省级到中央，呈现三级阶梯式筹资结构。基本养老保险的筹资来源主要来自于用人单位、参保人与政府。筹资结构不同，各级政府所对应的责任也将有差异。同时，由于相同层级的政府在自身条件上存在一定差异，如经济发展水平、产业结构、地理环境及风俗文化等，因此，地方政府所设定费率水平与缴费基数存在较大差异，这导致各地区基本养老保险筹资呈现碎片式的发展。

筹资结构的均衡性与统一性是体现基本养老保险公平性的重要原则。特别是在劳动力具有充分流动性的条件下，过于分散的筹资结构将会变得愈发脆弱。基金收入将随着优质劳动力的流动向具有比较优势的地方流动，而基本养老保险制度本质上是具有一定再分配职能的公共福利，这将与制度建立的初衷存在矛盾。结合我国实际状况，统筹层次则为基本养老保险筹资结构的直接影响因素。统筹层次主要涉及整个养老保险制度在一定范围内的统一设计与管理，包括缴费标准、计发办法、基金使用等内容。因此，在本书范畴下，基本养老保险筹资结构对应着基本养老保险的统筹层次，统筹层次的高低影响基本养老金筹资与基本养老保险制度发展的均衡程度。

四、养老保险筹资水平

基本养老保险筹资水平高度具体体现在基金收入的总量上,而影响筹资水平的主要因素有制度覆盖率、缴费基数的确定、缴费比例、人口结构、退休年龄等一系列因素,不同的因素影响力大小不一。与此同时,由于基本养老保险金总量巨大,对整个社会与宏观经济能造成明显影响。较高的筹资水平能够调节居民的收入分配,影响社会的资源配置特别是劳动力的分配,进而提高社会整体的公平性与经济效率。筹资水平衡量需与支出水平相匹配,特别是对传统型的基本养老保险制度而言,筹资整体水平的不足将直接给政府财政带来压力,不利于基本养老保险制度的可持续性。与此同时,从微观角度看,筹资水平对劳动力的供给、薪酬水平及个人的收入结构都将产生影响。

基本养老保险筹资水平的高低由多种因素综合决定,对于水平高低的判断不应该只考虑筹资收入方面的绝对量,还应结合对应支出水平进行综合考虑,其中最为直接与重要的外生因素为养老保险费(税)率水平、参保人数、人口结构等方面,其中费(税)水平的调整是最容易调整与改变的关键变量。

第四节 养老保险筹资机制的影响因素

前文对筹资机制构成的基本要素进行了归纳与整合。在本书的研究范围内,其细分为筹资责任、筹资能力、筹资结构与筹资水平。其中,筹资责任主要被正式制度所确定,相关的政策与法条明晰了各主体在其中的责任;筹资能力则主要受实际管理机构的征缴能力影响;筹资结构受对应的统筹层次影响;筹资水平是一个综合指标,但如同税收一样,对应的费(税)率是其中的关键影响因素。

一、征缴模式对养老保险筹资能力的影响

筹资能力是影响养老保险筹资的关键因素之一,而筹资能力主要受征缴

率水平与征收成本效率的影响。现阶段的相关研究表明，目前我国基本养老保险基金的实际收缴水平并不高，而征缴模式的选择是影响征缴率、征缴成本的关键因素。

征缴模式首先集中在"费"与"税"之间的选择。征缴模式需通过国家立法，在强制性正式制度约束下，通过统一的标准，进行集中的征收与管理，经过统一调剂后使用。就我国而言，现行基本养老保险制度缺乏强制性，以"费"的形式进行征缴导致管理效率不足，存在多头管理现象，缺乏宏观调控与监督。尤其是在企业缴费环节，由于对企业约束力不足，企业为追求自身利益，采用瞒报、少缴、拒缴等形式，使基本养老实际筹资数量不足，筹资能力较低。与此同时，不同的征缴模式对应着不同的征管机构，并与之匹配。目前的学界对于征管机构的选择，主要集中于社保部门与税务部门之间。由于自身不同的属性，两部门对于社会保险费的征缴工作也存在一点差异。

不同征管模式的选择对征管层面能够产生一系列的影响，其中对征管效率的影响最为显著，而征管效率也是影响筹资能力的核心因素之一。事实证明，部分国家通过把税收纳入基本养老保险筹资与征管之中，能够产生一些实际的效果与影响。由税务部门征收养老保险费能够加强基金的稳定筹措，加强国家发挥其宏观调控的职能，特别是在实际操作、管理效率、法律约束、权利与义务的公平性等方面存在较强的比较优势。税式征管能够加强筹资行为的强制性，逐步优化参保人的参保行为，提升养老保险费的征收率与覆盖率，加强制度的共济性。在具体的征收环节，税务部门作为专门征收机构，能够充分利用政府现有资源，节约对应成本，同时具有组织、信息、服务、执法等多方面的优势，能够提升制度覆盖面与征缴质量，产生较少的征缴成本，加强征缴的强制性，加强行为人的缴费遵从度，提升征缴率，而这些都是影响筹资能力的重要因素。同时，就我国而言，基本养老保险制度在统账结合模式下，税式征管对筹资能力的提升将加快政府由管理型职能向服务型职能转变的速度，释放部门征管能力，使政府内部各部门间的分工更加清晰，提升各职能部门的专业化程度。税收职能在提升基本养老保险扩面率的同时，还能够为实现全国统筹打下基础，实现征缴与扩面的联动效应。这样，既能加强养老保险基金安全，又能提升基金筹资水平。

二、统筹层次对养老保险筹资结构的影响

养老保险的统筹层次主要涉及管理养老保险制度的行政层级，具体也可以解释为养老保险中政府对应的财权与事权层次的高低划分。从某种程度上说，它决定了养老保险管理权限及养老保险收支责任在各级政府间的分配和承接。养老保险制度统筹层次发展的一般规律遵循由低层次向高层次纵向演进的规律。以我国为例，统筹层次的发展流程大致沿着这样一条路径：县市级统筹—地市级统筹—省级统筹—全国统筹。统筹层次改变从本质上而言，是对层级政府之间利益关系的重新调整。其改变了养老保险筹资整体结构，具体包括基础养老金的上缴和划拨，以及政府间对应的权、责、义务的重新调整。这一系列的变化，在权、责、义务的交替之中必然会产生利益的重新分配，使利益受损与利益增加方之间产生矛盾。因此，国家通过采取协调各方利益矛盾的改革措施，稳健提高养老保险统筹层次，从而在增强养老保险财务可持续性方面发挥重要的作用。因此，养老保险的统筹是影响养老保险筹资的重要因素，统筹层次的高低影响养老保险筹资结构与效率，与社会筹集养老保险基金的动员能力成正比，有助于减轻政府财政压力并增强养老保险制度抵御风险的能力。现阶段，如何提升基本养老保险的统筹层次是加强养老保险筹资能力、优化筹资结构的重要课题。

就统筹层次而言，其最高层次与制度目标是实现基本养老保险的全国统筹，实现养老金的统收统支。较低的统筹层次是制约养老保险制度进一步发展与影响筹集层面优化的重大障碍。较低的统筹层次导致在筹资环节地区之间出现较大差异，产生不同的筹资标准，进而导致养老保险待遇与计发出现公平性和公正性的缺失。全国统筹可以缩小不同收入群体之间基础养老金待遇水平的差距，均衡地区间收支。因此，统筹层次的提升，能够整合碎片化的养老保险筹资结构，构建完整且统一的筹资标准与体系。与此同时，根据大数法则，养老保险的统筹层次越高，意味着同种保险下的参保人数越多，筹资来源更加稳定，养老保险的抗风险能力与可持续性越强。

具体从提升统筹层次的实现方案来看，首先必须实现制度模式、基金预

算、中央事权、征管、经办与央地政府责任六项改革,明确各级政府在养老保险制度中对应的责任,重点包含财权事权与支出责任,构建起相应的责任分担与补贴机制,加强对应的垂直管理权限与预算管理机制。统筹层次与筹资结构的调整对应的改革方案主要包含激进式的改革与渐进式的改革,其差异具体体现在改革周期与政策强度上。现阶段,中国主要采取渐进式的改革路径,在省级统筹的基础上,配合相应的调剂制度(如中央调剂金制度),并逐步加大调剂力度,尽量去弥补当前统筹层次不足所产生的问题。此外,要优化经办机构设置,创新管理体制机制,强化信息技术支撑,明晰分担机制,将权责各归其位,扫清全国统筹的技术障碍。同时,加强各省基本养老保险征缴的监管,避免基本养老保险全国统筹中各种寻租行为的发生。综上,养老统筹层次的提升不仅可以均衡各地区实际养老保险收入水平、优化筹资结构,更对筹资方式、征管模式提出了新的要求。因此,对养老保险筹资机制的优化需要系统且全面的制度与路径设计。

三、基本费率对养老保险筹资水平的影响

筹资水平是对养老保险基金规模最为直接的反映,既需与实际经济条件与社会环境相适应,又需充分满足退休居民基于养老的资金需求。影响筹资水平的因素是多样的,其中对政府而言,可以从政策层面影响筹资水平。由于筹资水平与筹资标准关联紧密,而筹资标准的确定主要体现在费率与缴费基数的确定之上,因此,政府可以通过调整养老保险名义费率水平与缴费基数作用于筹资水平。相比缴费基数,费率水平的调整更加便捷,可操作性更强。以政府为主体研究筹资机制优化和养老保险费率水平的调整意义更加重大。

费率水平高低不但决定养老保险制度的给付标准,也是政府责任、财政责任的间接体现。特别是对我国而言,由于养老金支出制度刚性较强,费率水平的降低将导致收支缺口扩大,进而转嫁到政府财政。费率水平高低对养老保险制度中其他两个个体——企业与个人的影响是:费率水平将影响整体就业水平与职工实际收入,尤其对企业缴费环节影响较大。较高的费率水平一方面将会导致企业的缴费不遵从,出现逃费、欠费与不足额缴费的行

为，另一方面会影响企业的劳动力需求与人力资源结构及水平的调整。由于养老保险费的征缴行为与税收存在一定的相似相通之处，因此可以通过借鉴拉弗曲线及原理进行分析。当基本养老保险费率降低时，企业和个人的负担降低，企业的竞争力和缴费积极性得到了提高，进而会有更多的企业、职工甚至灵活就业人员参保，产生"扩面效应"。但同时也会增加基金未来的收支缺口。与此同时，有研究表明，费率的提升会降低企业职工的实际工资水平，企业会通过降低工资等手段，将10%～50%的社保费转嫁至员工承担。

学界普遍认为，基本养老保险费率对职工对应的缴费工资具有一定的"挤出效应"，这再次说明了费率水平对工资水平的反向作用。而工资水平又决定缴费基数，直接影响征缴收入，这表明费率与筹资水平之间存在着相互作用。最优的降费政策，能够实现费率下调所引起的缴费收入减少额与缴费基数增加所带来的缴费收入的增加额产生合理的"对冲"，进而在保持基金收入不减少的前提下促进整个筹资机制的优化。就我国而言，当前名义费率水平已经经过几次的向下调整以缓解企业与个人缴费负担偏重的问题。由于我国历史社保费率一直处于较高水平，企业存在严重的逃费行为，这导致我国基本养老保险制度的实际缴费水平远低于法定费率，而实际费率才是真正影响筹资水平的关键因素。目前，中国基本养老保险基金收支平衡已面临较大压力与一定程度的失衡，在稳定名义费率降费成果的同时，进一步缩小名义费率与实际费率之间差距尤为重要。此外，应明确基本养老保险的实际职能应重在"保基本"，这就要求筹资标准不宜过高，这可充分释放企业与个体压力，进而为多元化筹资模式的构建创造基础。

四、基金自平衡能力对养老保险筹资整体影响

基金自平衡能力是对基本养老保险收支实际状况的直接反映，自平衡能力越强，说明基本养老保险制度自身收入充足，能够支撑基础养老金的发放，基金抗风险能力与可持续性越强。基金自平衡能力对基本养老保险筹资的影响主要侧重于基本养老保险制度内的收入层面，是对筹资能力、水平及结构的综合反映。特别是我国的基本养老保险基金并不完全"以收定支"，养老金的待遇水平出于制度稳定与社会公平的需要，受计发政策直接

影响，进而导致近年来基金待遇水平一直保持着平稳增长的态势。在目前的"六保六稳"政策当中，明确要求要继续保证养老金计发待遇标准的稳定增长。现阶段，养老保险基金收入随着人口老龄化的加剧并受一系列不利外部因素影响，其增长远远不足以应对基金支出的增长，而由于政府对基金的兜底责任，因此涌现出了一系列制度外的补充形式汇入基本养老保险筹资体系之中，但这都是与加强基金自平衡能力的目标不符的。

因此，结合当前现实意义与基金自平衡能力的定义，基金自平衡能力对我国基本养老保险筹资所产生的影响，主要包含对基本养老保险制度内筹资行为的一系列优化，主要涉及对于基本养老保险费的征缴效率、基金结余增值能力、费源整体结构的优化与长期增长以及费率水平与基金收入的良性互动等多个方面。基金自平衡能力的加强，对于基本养老保险筹资能够产生一系列积极的影响，因此，以加强基金自平衡能力为目标，为我国基本养老保险筹资机制优化提供了方向与路径。从加强自平衡能力的角度出发，以一种创新的思路与角度对筹资机制进行优化，强调的是对基本养老保险制度内基金自给自足的筹资行为的优化。

第三章　我国基本养老保险筹资机制的历史与现状

基本养老保险筹资受养老保险制度改革与发展的直接影响，而基本养老保险制度与国家的政治、经济体制，以及社会、文化的发展关系密切。在不同的经济与制度环境下，基本养老保险制度中政府、企业与个体3个重要主体所需要承担的责任也不尽相同，进而对筹资环节也带来巨大影响。在经济发展与制度环境的约束下，基本养老保险筹资的改革与创新面临新的要求与挑战。

第一节　我国养老保险制度的历史变迁

我国基本养老保险的发展可简单分为4个重要阶段：国家保障阶段、企业保障阶段、社会统筹与个人账户相结合阶段、制度发展与改革的探索阶段。

一、国家保障阶段

1951年颁布实施《中华人民共和国劳动保险条例》，标志着我国基本养老保险制度的初步建立。虽然该政策仅针对企业职工，但由于当时特殊的经济体制，该政策具有极大的普惠性，可以被称为"基本"保险。该条例规定：职工的保费，一部分由用人单位与工会组织共同支付。当时统管中国保险业的最高领导机关工会联合会承担全国劳动保险业务的管理工作，并对地方工会的相关政策进行相应的监督工作。基层工会直接与职工对接，负责具体的劳动保险费企业缴款部分。按每月工资总额的3%进行缴费。企业缴费的70%留存在基层工会委员会，作为补助与救济；30%上缴至中华全国总工会，作为集体福利劳动保险总基金。虽然企业是基本养老保险的唯一筹资主体，承担所有缴费，但由于当时特殊的经济体制与企业的国有、集体属性，其实质是由国家承担所有的筹资责任。在计划经济体制下，这种基本养老保险制度反映了国家和参保职工特有的契约关系，而这种隐性契约关系由行政手段进行调节与控制。在制度设立的初期，由于制度实际覆盖面十分有限，且参保人群多为年轻劳动力，在基于全国统筹层面的现收现付制之下，支出压力较小，整体制度运行良好，但也因此导致了保险待遇替代率处于较高水平，为中国后来的高费率埋下了伏笔。

二、企业保障阶段

20世纪60年代，以企业劳动保险为基础的基本养老保险制度在我国逐步实施。1969年，财政部颁布了《关于国营企业财务工作中几项制度的改革意见》，企业开始按照各自的养老金负担进行筹资，不再统一进行养老保险基金的筹措，国家保障的针对企业职工的基本养老保险开始蜕变为完全由企业承担的现收现付制度，并因此丧失了保险的共济性与统筹调剂的功能。但由于当时计划经济体制仍未改变，基本养老保险制度主要覆盖国有企业（不自主经营、不自负盈亏），因此，基金的实际支出与企业的实际效益并不关联，企业在养老制度上只是国家养老金发放的代理，筹资来源依旧为企业当期利润，其实质仍按照现收现付制运行。

1978年我国实行改革开放，计划经济体制开始向市场经济转型，政府逐步减少对市场的干涉，同时国有企业改革也成为了经济体制改革的核心环节。随着民营与私人企业的出现，部分市场竞争力差的国企，生存环境开始恶化，导致由单位支撑的传统退休养老保险制度不再具有稳定的经济基础与组织基础。

先前的养老金发放制度的弊端开始凸显，养老金的计发逐步演变为企业必须承担的成本。为解决新老企业养老负担不均，伴随着经济体制改革，基本养老保障制度也搭上了这一轮改革的顺风车，有针对性的试点改革在部分国企推广。1986年，全国范围内开始建立县一级养老金统筹机制，企业按照统一的费率进行缴费，进而建立统筹基金，从较低层次开始，逐步开展基本养老的社会统筹，成立对应的统筹基金。随着改革开放的逐步深入，非公有制经济得到了快速发展，多元所有制结构的建立对基本养老保险制度的发展提出了新的要求，倒逼养老制度进行改革。

三、社会统筹与个人账户相结合

1991年6月颁布的《国务院关于企业职工养老保险制度改革的决定》首次提出了对多层次养老保障制度的构建，基本养老保险制度由单一的劳动险扩宽成为3条主要支柱：社会基本养老保险、企业年金为主的补充养老保险及个人养老储蓄。多层次保障原则的重建使养老保险中的筹资责任与模式开始发生转变。筹资主体不再单一局限于国家或企业，筹资责任转变至由国家、企业与个人三方共同承担。《国务院关于企业职工养老保险制度改革的决定》首次确定了个体的筹资义务，职工需按自身工资的3%进行缴费，多支柱的养老保险体系逐步开始构建。1993年，中共中央十四届三中全会通过的《中共中央关于建立社会主义市场经济体制若干问题的决定》再次明确了构建多层次社会保障体系的政策目标。其中，计发待遇水平应与经济、生产力水平相一致，与各主体实际所能承受的责任与负担相匹配。因此，在多层次养老保险体系的构建中，不同的层次对应着不同的筹资责任与制度目标。就基本养老保险制度而言，统账结合的模式对应着需由用人单位与参保人共同承担筹资责任。1995年3月，随着《国务院关于深化企业职工养老保险制度改革的通知》的颁布，"统账结合"的基本养老保险制度正式在全国范围内全面推广，改革进程逐步深化。

在10年时间内，我国基本养老保险的目标模式由现收现付制逐步过渡到"统账结合"的混合模式。但与此同时，改革也必然伴随着转轨成本的产生。在制度的实际运行中，由于部分职工参保与退休时间处于改革进程中的特殊节点，从而导致了"老人"与"中人"的产生，形成了隐形债务与转轨成本，基金平衡面临压力，进而导致了对个人账户基金的挪用，出现"空账"问题。所以，"统账结合"只是形式上的表现，其实质仍未改变传统的现收现付的筹资与支付模式。值得一提的是，在基本养老金的征缴层面，1999年颁布的《社会保险费征缴暂行条例》规定，各省可自主选择征缴机构，可选择税务机关代征或社保经办机构征缴。

四、制度发展与改革探索阶段

2010年10月颁布的《中华人民共和国社会保险法》在制度、立法层面，正式对我国基本养老保险制度进行了界定、规范与约束，具有重大意义。《中华人民共和国社会保险法》从法律层面明确了我国基本养老保险筹资必须坚持和完善统账结合筹资模式，并要求"社会保险费实行统一征收，实施步骤和具体办法由国务院规定"。此后，2013年颁布的《中共中央关于全面深化改革若干重大问题的决定》再次要求要"完善个人账户制度"，从全国整体层面明确了个人账户的功能和重要性。2015年，国务院发布了《基本养老保险基金投资管理办法》，明确与规范了养老金的投资方式与渠道，为基金的增值能力与自平衡能力的提升提供了保障。随着我国经济的发展与全球经济形势的变化，从2016年开始，我国开始逐步进行减税降费制度调整，人社部与财政部在当年发布了《关于阶段性降低社会保险费率的通知》，要求各省（区、市）在原有单位缴费费率的基础上，根据自身累计结余情况，费率下调至19%或20%，基本养老保险费率开始逐步调整。2019年，国务院发布《降低社会保险费率综合方案》，将基本养老保险单位缴费率降至16%，并同时向下调整了缴费基数。关于征缴层面中征缴机构的选择，数十年来政界与学界一直存在较大争论与分歧。截至2018年年初，在各省征缴机构的选择与分布上，税务与社保两部门大约各占一半，税务部门略多于社保部门。2018年，《国税地税征管体制改革方案》明确将从2019年开始由税务部门全责征收各项社会保险费（含基本养老保险费）。因此，在现阶段税务机关已经成为基本养老保险费的唯一征缴机构。

回顾我国基本养老保险的发展与改革历程可以发现：从新中国成立至今，我国基本养老保险制度已经历了70多年的变迁，筹资环节一直是改革的重点与核心。基本养老保险筹资优化之路始终与我国经济体制、制度环境、人口结构及养老观念等方面紧密联系，并始终致力于增进基本养老保险的自平衡能力，促进制度的可持续性。筹资主体与筹资责任先为国家，再为企业，最后转变为国家、企业与个人三方共担，由单一主体转变为多主体共担，逐步构建起多层次的养老保险体系。未来经济发展、人口结构的变化等方面的影响为我国基本养老保险制度的运行与可持续性带来诸多不确定性，未来制度的改革与优化任重而道远。

第二节 我国养老保险筹资机制运行现状

一、养老保险筹资中各主体责任比例

目前，就筹资责任而言，我国基本养老保险的显著特征为基金需实现自我平衡。其中，市场与社会的责任主要体现在企业与个人的共缴，费率分别为16%与8%。而政府的相应责任则被划分得更加细致。养老保险对政府财政提出的直接责任体现在对参保人退休后给付30%替代率的养老金、城乡老年津贴、农村参保补助以及历史债务部分的支付义务。中央政府的财政责任体现在对不同参保人群的基础养老金的发放与补贴的"兜底"，其中包括对"老人"的全额退休金的支付、对"中人"与"新人"基础养老金部分的补贴及欠发达地区的老年津贴。

虽然我国基本养老保险可持续的要求是实行基金的自我平衡，由参保人与企业共同分担，从而能够充分体现市场和社会的责任，但在现阶段，由于存在制度转轨成本与过渡性养老金的支付，实际上在基本养老保险筹资中，政府补助也占了较大份额。

二、养老保险费征缴流程与模式选择

现阶段我国基本养老保险的征缴机构已统一与确定。2018年《国税地税征管体制改革方案》颁布，明确了将从2019年开始由税务部门全责征收各项社会保险费（含基本养老保险费）❶，结束了"两部门"博弈的局面。然而，对基本养老金的征管实质上仍涉及多个重要部门，其中主要包括财政、人社、税务、

---

❶《国务院办公厅关于印发降低社会保险费率综合方案的通知》指出，原则上暂按现行征收体制继续征收（即暂缓征收体制改革），但同时也指出，"成熟一省、移交一省"，并稳步推进社会保险费征收体制改革。这说明，虽征缴体制改革进程放缓，但条件成熟后，将实现社会保险费交由税务部门全责征收。

审计、监督委员会等,但由于目前我国的社会保险基金管理体制已经确定为税务部门全责征收,因此在本书的框架内主要以税务部门为起点进行描述。

表 3-1 税务部门征收社会保险费情况

模式	省（区、市）	负责险种	备注
五险全责	广东	五险全责	职工参保缴费登记:税务部门负责缴费登记,社保部门根据税务部门提供信息办理参保登记 申报征收:企业与职工缴款以职工工资作为基数直接向税务机关申报,税务机关将缴费征收入库之后传送至社保部门落实待遇
部分全责部分代征	浙江	五险统筹全责、个人缴费代征	参保缴费登记:社保部门 申报征收:企业统筹部分以工资总额为基数直接向税务部门申报,个人缴费由社保部门核定后交由税务部门,税务部门将社保核定与单位自行申报统筹部分合并一起征收入库,两者之间进行数据校验
	辽宁	养老统筹全责、个人缴费及其他四险代征	
	福建	养老保险、失业保险全责,其他三险代征	参保缴费登记:社保部门负责参保登记,将信息传送至税务部门进行缴费登记 申报征收:企业直接向税务部门办理缴费明细申报（单位统筹汇总申报与个人部分明细申报）
	黑龙江	养老全责,其他四险代征	参保缴费登记:社保、税务部门分别办理参保、缴费登记 申报征收:企业直接向税务部门办理缴费明细申报（单位统筹汇总申报与个人部分明细申报）
五险代征	湖北、安徽、陕西、甘肃、海南、重庆、云南、宁夏、江苏、河南、内蒙古	各项社会保险统一代征	2019 年新增机关事业单位保费、居民两险

在税务部门全责征收基本养老保险费的情况下,基本养老保险计划的实际运行仍离不开多部门的协作,实行"税务征收、财政管理、社保使用、审计监督"的管理模式。其中,各级税务机关全权负责基本养老保险费相应征收工作,根据费率水平与核定标准确定应缴费款,按照相关政策按比例将征缴收入直接划入基本养老保险专户,并根据相关的调剂金政策上解至调剂账户。税务部门全责征收后,税务部门还将与人社部门一起,协同推进基本养老保险制度的全覆盖。此外,对基础养老金的管理与监督仍由财政相关部门负责。财政部门通过在认定的国有商业银行开设基本养老保险基金财政专户,对基础养老金进行集中管理与监管。同时,财政部门通过制订相应的社会保险预算,按照对应的给付标准,通过银行将基金从相应专户及时全额发放至参保人对应账户。而社保经办机构仍负责基本养老保险参保登记、个人与企业缴费记录管理收档、参保人员个人账户管理及养老金支付。税务部门征收基本养老保险费之后,征收的资金直接汇入国库,通过财政专户进行专门的管理,进而形成了税务部门征收、财政部门管理、人社部门使用的"征、管、用"三位一体的基金征管与运营机制。基本养老保险基金的征管流程如图3-1所示。

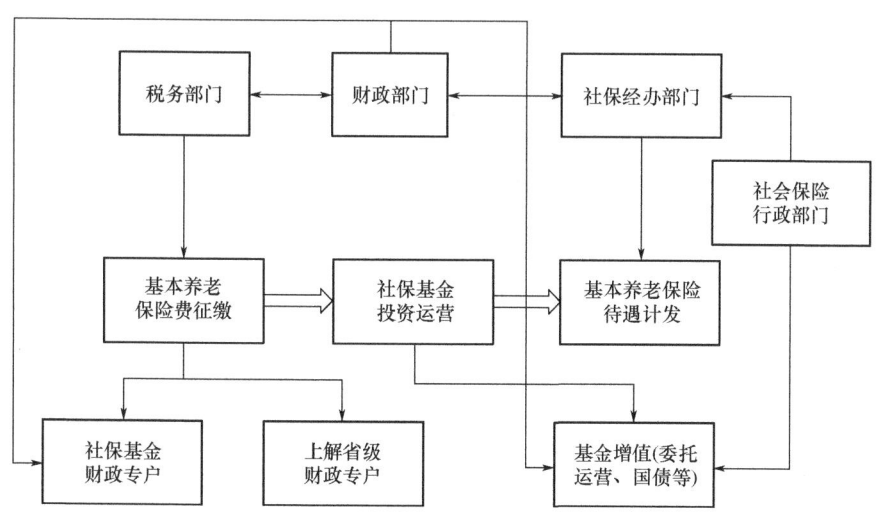

图3-1 基本养老保险基金的征管流程

三、养老保险费率水平与费基标准

为减轻企业压力,激发市场活力,我国一直在不断实行减税降费政策。2016 年人力资源社会保障部与财政部颁布的《关于阶段性降低社会保险费率的通知》将部分省(区、市)的单位缴费率阶段性下调至 19%,开启了新一轮的降费政策,基本养老保险费率不断向下调整。上海市城镇职工基本养老保险单位缴费比例由 21% 下调至 20%,其余省(区、市)多数由 20% 下调至 19%。2019 年,国务院办公厅印发的《降低社会保险费率综合方案》要求可将基本养老保险企业缴费费率高于 16% 的地区的费率降至 16%,并提出 2019 全年企业降费减税 2 万亿元的政策目标。现阶段,随着政策的全面推行与各地区的不断落实,目前 29 个省(区、市)和新疆生产建设兵团养老保险单位缴费比例已全面降至 16%,广东、浙江在暂时继续执行原费率的基础上已提出过渡方案,缴费费率将逐步趋于统一。

就缴费基数而言,现在主要基于以下标准:收入低于本省(区、市)平均工资 60% 的参保者,以社平 60% 作为核定标准;收入水平介于平均工资 60% 和 300% 之间的参保者,根据其实际工资水平确定缴费基数;个体劳动者与灵活就业人员可在社会平均工资 100%～300% 区间内自主选择缴费基数。2020 年,参加养老保险的个体工商户和灵活就业人员可在全口径城镇单位就业人员平均工资 60%～300% 范围内选择适当的缴费基数,全口径确定缴费基数后,部分地区养老保险费与去年相比有很大程度的降低。由于目前各省(区、市)基本养老保险基本已实现省级统筹,缴费基数还是以省内平均职工工资作为统一基数,但还未向全国职工平均工资过渡。

四、养老保险统筹状况与调剂制度

统筹层次是对养老保险管理的行政层级进行相应的结构安排,对政府间养老保险事权与财权责任进行划分而形成的。从某种程度上说,它决定了养老保险管理权限及养老保险收支责任在各级政府间的分配和承接。我国的养老保险统筹层次经历了从低层次向高层次的纵向演进,即从县市级统筹转变为地市级统筹,再逐步向省级统筹过渡,最后向全国统筹转变。

2019年，人社部等部门联合下发《关于规范企业职工基本养老保险省级统筹制度的通知》，要求2020年年底前，各省做到养老保险政策、基金收支管理、预算管理、责任分担机制、信息系统、经办管理、激励约束机制"七个统一"，实现以政策全省统一为基础、以基金省级统收统支为核心、以基金预算管理为约束、以信息系统和经办管理为依托、以基金监督为保障的省级统筹，首先实现省内各地市基金负担的均衡，确保各地区基本养老金均能够按时按量发放，为全国统筹夯实基础。自2020年1月1日起，山东、江西、广西、宁夏、安徽、山西6省（区、市）已经实现企业职工基本养老保险的省级统筹。而广东、湖南、贵州、江苏等省（区、市）2019年已出台相应的省级统筹方案，目前我国超过10个省（区、市）已推进基本养老保险的省级统筹。根据人社部最新信息，截至2020年上半年，已有26个省（区、市）实现了职工基本养老保险基金全省统收统支。2022年国家发展改革委等21部门联合发布的《"十四五"公共服务规划》明确指出，到2025年，公共服务制度体系要更加完善，基本养老保险参保率达95%，实现基本养老保险全国统筹。养老保险省级统筹一般有"统收统支"和"统一预算、分级调剂"两种模式。"统收统支"模式是指省内各层级政府所征缴的基金收入统一集中到省级进行管理，然后根据收入与待遇标准进行全省统一的发放。"统一预算、分级调剂"模式是省级预算与省级调剂金制度相结合的管理模式，即通过基金预算管理的方式对全省范围内的养老保险基金实行统一核算，并统一调度，使基金在省内纵向调剂。各市县先向省级上解养老保险省级调剂金形成省级调剂基金，省级再根据市县养老保险基金缺口情况向市县拨付省级调剂金。市县养老保险结余基金所有权由市县调整为省级。为打消市县顾虑，减少改革阻力，通常结余基金继续留存市县，由省授权市县管理。

此外，2020年5月国务院发布的《关于新时代加快完善社会主义市场经济体制的意见》与同年7月国家发改委等四部门联合发布的《关于做好2020年降成本重点工作的通知》都明确提出要"尽快实现养老保险全国统筹，促进基本养老保险基金的长期平衡"。这为基本养老保险的统筹工作提前做了铺垫。近年来，我国部分省（区、市）逐渐开始出现养老金的"穿底"现象。为均衡地区之间的养老负担，调剂余缺，分摊各省（区、市）参保者的养老风险，提升各地区基本养老保险的共济性，减少基本养老保险实现全国统筹的制度变迁成本，中央调剂金制度作为养老保险全国统筹之前的过渡政策，一直在施行。2018年国务院印发《关于建立企业职工基本养老保险基金中央调剂制度的通知》，标志着养老保险中央调剂金制度正式建立。根据要求，在基本养老保险省级统筹的基础上，通过建立中央调剂基金，各地区按照相应的上解额度进行上缴，进而有针对性地进行适度的调剂。其中，调剂金的拨付原则为，首先根据调剂基金总量与退休参保总人数之比确定出对应的人均拨付额，其次根据人均拨付额与各省市对应的退休人数之积，确定各地区对应获得的拨付款。此方案既便于核算又兼顾了公平统一。然而，由于各省基本养老保险的情况存在一定差异，经济发展水平领先、职工平均工资高、劳动力聚集及职工人口结构偏年轻的地区需上解更多的养老基金，而职工人口老龄化严重的地区能够获得较多的下拨额。现阶段中央调剂金制度仅针对企业职工基本养老金。制度自身内在机制的调整实现了养老金在不同地区之间的配额，加强了整体的共济性，均衡了地区间基金负担，特别是体现了东部发达地区对中西部省（区、市）和老工业基地的支持。2020年，《国务院办公厅关于印发〈企业职工基本养老保险全国统筹改革方案〉的通知》要求，"2022年1月1日，全国统筹制度启动实施"，实现了"五统一""两不变"，即实现缴费政策、基金收支管理、待遇调整、信息系统及经办服务管理的全面一致，各省（区、市）缴费和待遇核定基数不变，中央和地方共同承担企业养老保险责任的机制不变。

目前，中央调剂金的上解比例已由2018年的3%上调至2020年的4%。上解额以各省职工平均工资的90%与在职应参保人数为基数计算。结合当前制度环境，中央调剂金作为过渡政策将会很快结束，我国基本养老保险统筹层次将逐步由省级统筹过渡至全国统筹。2010年出台的《中华人民共和国社会保险法》已对实现对基本养老保险中央层面的统收统支有所体现，并包括向中央移交缴费管理与支出等相关工作。中央调剂金制度是基于我国基本养老保险制度发展的折中选择。由于我国各省（区、市）经济发展差距较大，赡养率与替代率存在巨大差距，致使相关养老保险政策与待遇水平相差巨大，很难强制性地执行统一标准，实现全国范围的统收统支。因此，根据社会保险理论中的"大数法则"，中央调剂金制度在一定程度上加强了各参保人之间的共济性，体现了社会保险的互助功能，上解比例越大，越能分散风险，进而加强基本养老保险的保障能力。并且，中央调剂金制度能够在现阶段平衡不同省（区、市）之间的制度赡养率，加强基本养老保险制度的公平性。

五、基金实际收入与支出水平

目前，我国基本养老保险收入来源主要为缴费收入、财政补贴及基金投资收益。近年来，随着基本养老保险制度覆盖面的逐步扩大，参保人数、基金收入与支出、累计结余及对应的财政补贴都在不断增加。以我国城镇职工养老保险为例，由表3-2、表3-3及图3-2可以发现，我国城镇职工基本养老保险基金参保人数、收入与支出及累计结余总量，近20年来都在不断增加。截至2019年，城镇职工养老保险参保总人数已达4.35亿人，较上一年增长3.79%，但增长率却创数十年来的新低，这某种程度上也表明目前人口结构老化。基金收入为5.3万亿元，支出为4.9亿元，累计结余达到3.2万亿元，其中当期结余为近年来的最低点，基金收入增长率也呈现逐年下降的趋势。基金支出增长率经过10年的平稳波动，自2016年开始呈现逐渐下降的趋势。

表3-2 中国城镇职工养老保险收支规模 [1]

时间	参保人数/万人	基金收入/亿元	基金支出/亿元	累计结余/亿元
2000年	13 617.4	947.1	2 115.5	947.1
2001年	14 182.5	1 054.1	2 321.3	1 054.1
2002年	14 736.6	1 608.0	2 842.9	1 608.0
2003年	15 506.7	2 206.5	3 122.1	2 206.5
2004年	16 352.9	2 975.0	3 502.1	2 975.0

[1] 国家统计局公布数据

（续表）

时间	参保人数/万人	基金收入/亿元	基金支出/亿元	累计结余/亿元
2005年	17 487.9	4 041.0	4 040.3	4 041.0
2006年	18 766.3	5 488.9	4 896.7	5 488.9
2007年	20 136.9	7 391.4	5 964.9	7 391.4
2008年	21 891.1	9 931.0	7 389.6	9 931.0
2009年	23 549.9	12 526.1	8 894.4	12 526.1
2010年	25 707.3	15 365.3	10 554.9	15 365.3
2011年	28 391.3	19 496.6	12 764.9	19 496.6
2012年	30 426.8	23 941.3	15 561.8	23 941.3
2013年	32 218.4	28 269.2	18 470.4	28 269.2
2014年	34 124.4	31 800.0	21 754.7	31 800.0
2015年	35 361.2	35 344.8	25 812.7	35 344.8
2016年	37 929.7	38 580.0	31 853.8	38 580.0
2017年	40 293.3	43 884.6	38 051.5	43 884.6
2018年	41 901.6	50 901.3	44 644.9	50 901.3
2019年	43 488.0	52 919.0	49 228.0	54 623.0

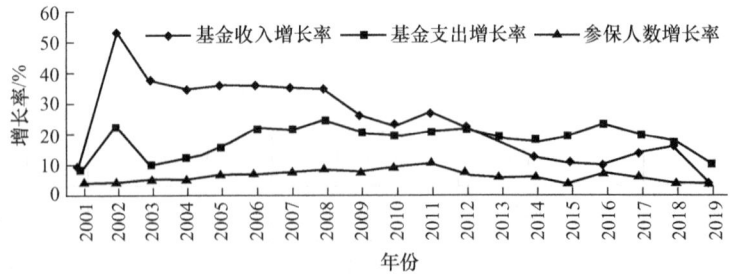

图3-2 2001—2019年中国城镇职工养老保险收、支及参保人数增长率

第三章 我国基本养老保险筹资机制的历史与现状

表 3-3 我国城镇职工基本养老基金收入增长状况

年份	2012	2013	2014	2015	2016	2017	2018	2019
基金收入/亿元	20 001.00	22 680.40	25 309.70	29 340.90	35 057.50	43 310.00	51 167.60	52 918.80
基金收入增长率/%	18.39	13.40	11.59	15.93	19.48	23.54	18.14	3.42
征缴收入/亿元	16 467.00	18 634.00	20 434.00	23 016.00	26 768.00	33 403.00	38 813.42	42 941.79
收缴收入增长率/%	17.99	13.16	9.66	12.64	16.30	24.79	16.20	10.60
财政补贴/亿元	2 648.00	3 019.00	3 548.00	4 716.00	6 511.00	7 448.66	8 271.39	8 633.04
财政补贴增长率/%	16.55	14.01	17.52	32.92	38.06	22.93	11.05	4.37

· 61 ·

第三节　我国养老保险筹资机制中所存在的问题

一、筹资主体责任边界模糊，权、责、义务不清

筹资主体的权利与责任边界不明晰的主要原因在于，几十年来我国基本养老保险筹资主体在几次变迁过程中，改革缺乏相应的制度刚性与法律约束，这直接造成各主体间筹资边界比较模糊，相应的权责混淆，政府在其中的责任尤为明显。由于基本养老保险制度构建之初就存在较高的替代率，而福利待遇标准一旦上去了，就很难再降下来，这导致基本养老保险企业缴费偏高、企业负担较重。但由于各地区对缴费基数与基本费率拥有自主调整权，因此企业为降低自身成本与逐利，会寻求更低的缴费标准，而地方政府为刺激当地的经济发展与稳定就业，与企业之间逐渐建立了某种"契约"，达到一定的制度均衡。基本养老保险制度作为社会保障体系中最为关键的一部分，在我政治与经济体制之下，中央政府对其是具有最终的"兜底"责任的。地方政府与企业的"寻租"行为直接导致了部分地区基本养老名义费率过高，企业负担重，激励性较差，个体与企业预期不明确。权责模糊是现阶段基本养老保险建设面临的一个关键问题，其主要表现为：养老保险制度中的相应责任的界定至今仍较为模糊，相应责任包括历史与现实两方面的责任。历史责任主要包括制度转轨中所产生的制度变迁成本，即传统的现收现付制转变为"统账结合"模式。现阶段，由于历史责任的转嫁，导致改革成本转嫁至企业，产生了现阶段较高的缴费负担，影响企业竞争力。此外，各地区受历史因素与人口结构影响，基本养老保险费率负担出现两极分化，区域之间市场出现不公，也进而导致了统筹层面的提高难以实现。

此外，筹资责任边界不确定导致筹资方式与征缴主体的混乱。由于现行制度要求，当养老保险支出遇到困难时，各级政府出于稳民生、保基本的考虑，需对基金给予相应的补贴，以保持制度的正常运行。因此，基础养老基金面临人口老龄化及一系列外部风险冲击时，往往是政府出面，保障养老金的正常发放并承担对基金缺口的兜底责任。而这种机制设计导致现实中责任主体行为扭曲。例如，养老保险经办机构不关心保费收入，不管有钱没钱，

每月均提出养老金支出计划报财政部门,至于钱从哪里来,则不予考虑,这样可能增加财政支出压力。近年来,在部分地区,随着养老保险基金收支失衡状况逐渐加剧,逐渐扩大的基金缺口已逐步转嫁至政府财政之上,这可能诱发财政风险。随着制度覆盖面的逐步扩大,政府的"兜底"责任也使基本养老保险制度逐步演变为具有普惠性且具有一定收入分配调节能力的政府职能。从某种程度上来说,我国的基本养老保险"费",更具"税"的性质,其实质为税收。由于筹资方式的错乱与属性的不确定,导致征缴主体在不同地区之间不一致,且出现多次变更的现象,人社部门与税务部门因此在核定、征缴、分工等一系列具体工作层面存在相应的博弈。

二、征缴能力不足,缴费遵从度不高

就我国而言,企业的社保费不缴与少缴是一直以来普遍存在的现象之一。2019年,我国半数以上的企业存在不足额缴费的行为,且用人单位逃缴社保费的方式是多样的,例如,对单位部分实际雇佣的正式员工不及时在当地注册,用延长试用期或临时工的形式迟缴或少缴相应的社保费用,少报缴费工资,对职工实际福利发放用现金或要求职工用发票兑换工资,等等。然而,部分员工的参保意愿也十分不足,这主要集中于低收入人群。其原因,一是这部分群体就业稳定性与未来期望不足,导致缺乏制度信心,二是年轻劳动力的储蓄偏好不足,更愿意当期获得更多的收入,存在一定的短视性。除此之外,地方政府出于对本土企业的"照顾",不会对相应违规企业作出实质性的惩戒,甚至会通过相关的优惠政策,进一步减少用人单位的税收与缴费负担。与此同时,个人账户的实际运行与基金增值存在较大问题。相关政策对个人账户增值率是有一定的硬性要求的,但是在实际操作过程中,由于统筹层次未达到全国统筹,各地区多以同期银行定期存款年利率作为收益率,在如此低水平的回报率之下,对居民参保的激励严重不足。更为重要的是,就参保居民而言,"多缴多得"的相关机制极为不健全,加之征缴力度不足导致"费基"难以做实,多数参保者更偏好于选择较短的缴费期限与较低的缴费标准。

缴费基数的不实直接导致我国基本养老保险筹资水平与效率的不足。

2011年颁布的《中华人民共和国社会保险法》明确指出，用人单位与相应职工本人需按照其工资总额的相应比例分别缴纳相应的基本养老保险费。而关于"工资总额"的解释主要沿袭2006年发布的《关于规范社会保险缴费基数有关问题的通知》中的相关解释，即直接支付给所有职工的劳动总报酬，其中应包括在岗注册的职工工资、对不在岗职工支付的生活费、聘用制相关人员的劳务报酬等多方面。同时，《关于规范社会保险缴费基数有关问题的通知》规定，不同省（区、市）的缴费基数可选择不同的核定办法，可选取职工工资总额或职工个人缴费工资总额基数之和。因此，对"工资总额"的定义与核算存在很多不规范的情况，这导致了缴费基数核定标准的混乱。此外，该文件设置了多项条目，相关项目极为细致，但也为实际操作与执行带来了诸多困难。此外，随着我国市场化改革的不断深入，出现了许多新的就业形态，很多之前具体的条目在当前环境下已不适用，部分缴费基数难以确定，这为企业的道德风险留下较大的博弈空间。为加强基本养老保险制度的公平性，相关政策规定，缴费基数通常以上一年度职工月平均工资为基础，参照相应地区职工的平均工资，在60%～300%范围内进行核定。然而，由于60%～300%的区间相对过大，在实际中，很多企业为降低成本，多选取最低标准。缴费基数以职工平均工资的60%作为基数下限易加重低收入群体缴费负担，同时还会形成挤出效应。

与此同时，在征管层面，征缴能力不足导致了养老保险费收入不足，而征缴能力不足的主要原因在于缴费缺乏一定的规范性。这具体表现为以下几方面：首先，不同地区的基本养老保险费率缺乏统一标准，存在较大差异。以城镇职工基本养老保险为例，目前统一费率，雇主缴纳费率为16%，个人为8%。由于我国不同地区劳动力发展情况存在较大的差异，特别是东南沿海地区吸收了大量的年轻劳动力，由于养老保险的全国统筹尚未实现，进而导致地区间对应的制度赡养率相差悬殊。以广东省为例，2019年，其制度赡养率为13.1%，接近全国平均水平的1/3；黑龙江省制度赡养率全国最高，为84.2%，相当于全国平均水平37.7%的2倍多。地区劳动力年龄结构越年轻，制度赡养率越低，基本养老金的支出责任则越小。若以统一标准与费率进行征缴，制度赡养率低的地区，当期收入将远大于当期支出，累计结余将越来越大。同样以广东省为例，其省内各地区基本养老保险企业缴费尚未按照统一费率执行，其中珠三角地区尤为特殊。究其原因，沿海发达省（区、市）采取低费率的原则旨在提升地区实际的经济效率，但由于我国基本养老金的投资与增值相关机制仍需优化，特别是在2016年以前，基本养老金主要由省级及以下部门进行管理，出于资金的稳定与安全，一般采取收益较低的结存入银行或购买国债等形式。从2016年年底开始，基本养老金开始受委托运营，年均投资收益率已提升至5.76%，相比委托前，收益率已得到了大幅提升，但由于统筹层次不足，实际运营资金数量并不充足，仍有部分资金空置，且存在一定的贬值风险，对地方经济有不利影响。而统筹层次若提高，部分经济发达的省（区、市）出于对地方经济保护的目的，可能会形成地方政府与中央之间的博弈，进而导致为减少对地方企业影响而缩小基本养老保险制度覆盖面的行为。2019年，随着减税降费政策的逐步深入，基本养老保险企业缴费费率逐步向16%统一，基金也随之"流失"了近百亿元。与此同时，降费政策是对供给侧结构性改革深化的重要体现，能够有助于释放经济下行压力，带来刺激经济增长等一系列积极效应。按照国家统一部署，各省市已陆续从2019年5月1日起将职工基本养老保险单位缴费费率由20%降为16%，失业保险、工伤保险继续执行阶段性降费率政策。这轮降费率是长期性、制度性安排，"放水养鱼"是长期效果，短期内造成基金收入直接减少，养老保险基金支付能力持续下降。在全面推进减税降费的大环境下，征缴收入增速过快、征管力度过强、落实优惠政策不力等都有引发负面舆情的风险。例如，国家要求稳定缴费方式，严禁自行对企业历史欠费进行集中清缴，但在历史欠费处理规则不明确的情况下，税务部门面对恶意欠费企业，会产生征管执法的风险。

三、整体费率水平较高，企业负担尚未减轻

由于历史与制度转轨因素，我国基本养老保险法定费率一直居高不下。外国统计的相关数据显示，在公布的162个国家中，中国基本养老保险法定费率居于第12位[97]。与OECD国家相比，中国法定费率仅略低于西班牙与意大利[98]，甚至高过部分福利制国家。过高的费率水平自然导致了缴费的

不遵从，滋生了逃费行为。这是基本养老保险费流失的根源。与此同时，在法制不健全、制度刚性不足的情况下，道德风险成为了实际影响缴费率的决定性因素。"高费率、窄费基"一直以来是中国基本养老保险制度的一个显著特征，它扭曲了基本养老保险制度的相应参数，影响制度的自平衡能力，降低了其可持续性。与此同时，由于多年来一直沿袭着"双重征缴体制"，缴费程序复杂且不方便，征缴能力不足，基本养老保险费未做到"应收尽收"。自2016年以来，伴随着减税降费政策的逐步深入，我国基本养老保险企业缴费费率数次降低，但由于征缴能力的不足，实际费率与名义费率之间仍存在较大差距，因此降费的实际空间并不大。由于企业压力无法得到释放，多层次养老保险体系也难以构成。2017年，我国仅有8万户企业实行企业年金制度，参保职工2300万人，不足职工总人数的8%。随着税务部门全责征缴社会保险费政策的落实与逐步深化，将提高征缴力度，遏制"基数之痛"。

表2-4 2017年我国各省（区、市）社会保险费率 ❶

单位：%

省（区、市）	企业社保费率	个人社保费率	合计总费率
北京	30.80	10.20	41.00
天津	31.20	10.50	41.70
河北	29.70	10.30	40.00
山西	27.60	10.30	37.90
内蒙古	28.10	10.50	38.60
辽宁	29.80	10.50	40.30
吉林	28.60	10.30	38.90
黑龙江	29.50	10.50	40.00
上海	30.40	10.50	40.90
江苏	29.70	10.50	40.20
浙江	27.30	10.50	37.80
安徽	27.90	10.50	38.40
福建	28.20	11.00	39.20

❶ 数据来自各省人社局网站公布数据。养老保险费率计算仅包含城镇职工，不涉及灵活就业人员；工伤保险缴费率从低计算。

（续表）

省（区、市）	企业社保费率	个人社保费率	合计总费率
江西	26.20	10.50	36.70
山东	29.10	10.30	39.40
河南	29.40	10.30	39.70
湖北	28.40	10.30	38.70
湖南	28.90	10.30	39.20
广东	23.45	10.20	33.65
广西	27.70	10.50	38.20
海南	28.20	10.50	38.70
重庆	29.50	10.50	40.00
四川	27.84	10.40	38.24
贵州	28.60	10.30	38.90
云南	29.96	10.30	40.26
西藏	28.90	10.50	39.40
陕西	29.30	11.00	40.30
甘肃	28.90	10.30	39.20
青海	27.35	10.50	37.85
宁夏	29.55	10.50	40.05
新疆	29.90	11.00	40.90
平均	28.71	10.46	39.17

四、统筹层次结构混乱，筹资结构不均衡

随着我国基本养老保险制度的不断变迁，相对应的统筹层次也在发生着不断的变化。随着基本养老保险筹资责任主体由政府单一主体向多主体转移，对应的统筹层次下放到了地方，致使多数地区统筹层次基本只停留在市、县一级。更重要的是，基本养老保险制度改革多通过试点的形式进行渐进式的改革，进而导致地区间不仅在经济层面存在差异，在政策环境与制度刚性上同样存在较大差异。地方政府对于缴费基数与费率水平具有一定的自主调节的权力，经地方与中央政府间的博弈，加之部分省（区、市）先天费基基础的优势，各地区逐渐拉开了差距，并且，因在费率与费基的确定、财政补贴等许多方面存在"讨价还价"，也逐步拉开了差距。除了在制度层面之外，在人口与劳动力年龄结构层面同样加重了地区之间基本养老保险制度

的碎片化。由于受各方面因素的综合影响，各地区的平均工资水平存在差异。自我国打破了人口流动的壁垒之后，基于"用脚投票"的原则，年轻、优质的劳动力会涌向平均工资更高的地区。

此外，我国养老保险基金存在总体收入水平高与地区间筹资结构不均衡的问题。截至2019年年底，全国企业养老保险基金总收入5.3万亿元，总支出4.9万亿元，当期收支结余0.4万亿元，年末累计结余5.4万亿元，平均可支撑17.2个月。分地区看，2019年累计结余排在第1位的广东为1.2万亿元，占全国养老保险基金累计结余的比重为22%，不仅超过排在第2位的北京的5473亿元，而且超过排在第2位到第4位的北京、四川和江苏的累计结余的总和。情况比较严重的是黑龙江、辽宁、青海、吉林、内蒙古和宁夏等东北和西部省（区、市），黑龙江养老保险基金从2015年开始"穿底"，累计缺口320亿元，2017年累计缺口486亿元，这几年累计缺口不断扩大。2018—2019年我国各省（区、市）城镇职工基本养老保险累计结余见表2-5。以我国企业养老保险为例，基金累计结余省（区、市）间最大差距接近9731亿元，地区差异十分悬殊。从大范围上看，东南部地区基金结余状况最佳，中西部地区次之，东北地区形势最为严峻。从近些年企业养老保险基金运行情况看，地区间两极分化的状况不断加剧，且呈现趋势性固化特征。就制度赡养率指标而言，广东、北京、福建等省（区、市）整体压力较小，而东北三省所面临的赡养压力较为沉重。各地区基本养老保险制度碎片式的发展对养老保险统筹层次的提升提出了挑战，而优化整体筹资结构也将有助于进一步缓解地区间发展的不平衡。与此同时，较低的统筹层次将致使基本养老保险费在地区间缺乏流动性，再加上我国城乡二元结构尚未完全破除，这给农村劳动力带来一定的不公平。早在2009年，《城镇企业职工基本养老保险关系转移接续暂行办法》就已经要求，当参保个体基本养老保险关系在省（区、市）之间发生转移时，个人账户余额与统筹账户的12%可以发生随同转移。然而，经过多年来的检验，该政策在实际操作层面存在很大的问题，真正能够实现转移接续的参保者并不多。因此，低层次的基本养老保险统筹不仅不利于自身筹资，更影响了地区就业，对劳动力流动造成阻碍，造成了地区间经济的进一步失衡。

第三章 我国基本养老保险筹资机制的历史与现状

表 2-5 2018—2019年我国各省（区、市）城镇职工基本养老保险累计结余[1]

单位：亿元

省（区、市）	广东	北京	贵州	山东	福建	河南	云南	江苏	上海	陕西	西藏	安徽
2018年	11 128.8	5 298.2	781.9	2 387.2	938.6	1 197.4	1 138.4	4 695.5	2 242.3	693.0	139.5	1 681.5
2019年	12 343.6	6 018.5	894.0	2 217.2	976.2	1 326.3	1 325.2	4 932.4	2 290.3	804.2	171.2	1 909.7

省（区、市）	江西	重庆	青海	宁夏	海南	天津	河北	黑龙江	四川	广西	湖南
2018年	820.1	1 025.9	54.1	250.0	234.6	530.3	870.4	−557.2	3 686.8	693.2	1 657.5
2019年	824.6	1 090.1	37.0	261.5	281.4	556.5	910.0	−433.7	3 759.5	755.2	1 836.7

省（区、市）	甘肃	新疆	山西	湖北	内蒙古	浙江	吉林	辽宁
2018年	458.1	1 203.3	1 560.1	743.4	656.5	3 796.8	504.2	309.6
2019年	467.0	1 307.0	1 639.8	1 017.1	595.9	3 585.4	501.9	303.7

[1] 数据来源：《中国统计年鉴 2019》《中国统计年鉴 2020》。

五、基金自平衡能力弱，可持续性不足

随着全球范围内人口老龄化程度的加剧，中国养老保险体系也面临着严峻的挑战。从劳动力绝对数量上来看，2012年我国15～59岁年龄段劳动人口开始下降，至2019年已降至98 914万人。65岁以上人口逐年增长，截至2019年已达到17 599万人，占当年总人口的13.3%，制度所承受的养老负担在不断增加。据《世界人口展望2019》预测，在中等生育率水平下，2040年我国65周岁以上人口占总人口比重将达到23.7%，之后将继续上升，截至2050年这一比例将达到26.1%。从基本养老保险收入上来看，以城镇职工基本养老保险为例，2019年基金总收入为52 063.1亿元，基金支出为48 783.3亿元，当期略有结余，累计结余增速仍处于不断减少态势，若剔除财政补贴因素，只考虑征缴收入与基金增值，有的省（区、市）当期已经收不抵支。《中国养老金精算报告2019—2050》预测，在财政补贴保持现有水平的情况下，我国城镇职工基本养老保险当期结余将从2023年开始减少，截至2028年将首次出现负值[99]。

第四章 征缴模式对养老保险筹资能力的影响分析

第一节 养老保险筹资中的征缴模式选择

在全球范围内，基本养老保险作为社会保险中的重要组成部分，其征收主体主要包括3个：社保部门、税务部门及相关私营机构。其中，私营机构作为征收主体只存在于少数国家，包括以智利为代表的拉美国家以及新加坡、法国等，绝大多数国家对征收主体的选择为社保部门与税务部门。以两部门的分工协作和权责划分，可简单分为3种征缴模式：税费分立征管、费制税式代征、拆分合作征管。整体而言，不同国家社会保险制度的定位决定了其社保费或税的选择，进而影响征收主体的确定。因此，不同的国家与地区基本养老保险征缴机制都来源于其具体国情与社会保障制度的目标。从社会保险制度世界范围内的发展趋势来看，社保费（税）逐渐在向税过渡，与此同时，大多数国家逐渐演变为税费征收一体化，特别是部分西方发达国家。虽然世界各国征缴模式存在各种差异，但各国国内的征缴体制一般都是确定且统一的，不论是税务部门还是社保部门，对应的职责分工是清楚明晰的，征收主体在其国内具有统一性与法律层面的确定性。

就我国而言，在基本养老保险筹资的发展进程当中，受各种历史因素影响，在社会保险费征缴体制改革之前，我国各省（区、市）对基本养老保险费所采取的征缴模式主要采用以下两种：①人力资源和社会保障部门全权负责；②税务部门代理征收。在"双轨制"主导的征收模式下，征收主体不明晰、缴费基数不确定、企业缴费遵从度不足等一系列问题加重了企业压力，影响参保人利益，缺乏公平性。自2019年1月1日起，社会保险费已统一交由税务部门进行征收，此次改革将有助于推进公共管理领域的公平与公共政策的优化，提高征收效率[100-101]。然而，基本养老保险费的征缴职责的衔接与过渡并不能一蹴而就，且国务院已明确提出"成熟一省、移交一省"，以期降低相应的制度变迁成本。虽然现阶段我国基本养老保险费征收模式改革已取得阶段性成果，但在经过一段时间的实际操作后发现，在转轨与过渡中仍存在一定的问题。在当前经济与政策环境下，如何"稳中求变"，在不增加企业压力与负担的前提下真正实现征收模式的转变，明确税务机关为征缴工作的唯一主体，并与降费政策相协调统一，是目前学界研究的重点和难点。为尽快实现基本养老保险费征收全责的交接，促进征管机构之间的良性接洽与权责转移，通过回溯我国基本养老保险费征管机构的发展与变化历程，对比社保经办机构全责征收、税务部门代征与税务部门全责征收模式下的优势与缺陷，取长补短，能够为基本养老保险的筹资优化与征缴模式的进一步优化提供助益。

一、社保部门全征管模式及其特点

在该模式中，社保经办机构为单一征收主体，负责基本养老保险的登记、预算编制、征收计划下达、申报、核定、征收、管理、缴费记录以及养老金的发放。截至 2019 年征缴体制改革之前，共有 15 个省（区、市）对基本养老保险费的收缴采取社保全征管模式。社保部门全征管模式运行时间最长，相关工作熟悉程度较高，可使有关部门清楚地了解企业的发展状况与实际困难，具有一定的灵活性与可调节性。

（一）社会保障机构对于基本养老保险费的征管积极性与专业性更高

社保机构长期以来一直掌控社会保险费的管理及相应的基金运营。因此，征收的实际结果决定社保机构的部门绩效与工作成果。随着人口老龄化的加剧，基本养老金的支出压力逐渐加大，在征收层面进一步加强能够缓解基金的收支压力。相对于税务机关不能任何"讨价还价"的征管方式，社保机构的征缴工作更加灵活多变，各地区相关部门可根据当地经济状况与政策环境相应进行调整，更具有针对性。另一方面，社保经办人员一般较为熟悉养老保险相关政策，经过相应的专业培训，对于参保人员的业务咨询能够更加准确、及时地解决，提升工作效率。

（二）社保机构进行征收工作有利于加强公平性，增加扩面率

如今就业形式与职工的收入结构已发生较大改变，就业人员的薪酬不再以单一的工资收入作为唯一收入来源，灵活就业人员人数与收入水平都在快速增长，对这部分人群的真实收入水平难以进行准确的评估。与此同时，对于中低收入群体而言，由于几乎不对其征收所得税，常年被遗漏在纳税体系以外，税务部门相关数据库对于其信息可能掌握得不充分。而人社部门掌握其教育履历、就职经历等信息，对于这类人群能够更加精准地施策。社保机构能够在全程管理过程中深入了解和追踪参保人信息，在实际工作中充分体现"以人为本"的理念，在便捷征收程序与征收一体化的进程当中，能够及时解决参保者的信息变更、缴费水平调整及待遇申请等一系列问题。

（三）社保机构征缴能够统筹兼顾，促进整个基本养老保险制度的发展

社保机构涉及对个人的教育、就业、养老、救济等方面一系列的长期工作，特别是社会保险需体现对应的公平性与共济性。相对于税务部门而言，社保部门能够更加"体谅"企业，特别是当企业短期经营遇到困难时。与此同时，社保机构能够跟踪掌握劳动者的长期收益，能够给基本养老保险制度长效机制的建立带来诸多裨益。

（四）社保机构征缴下所存在的一些问题

首先，在该征管体制下，区域与行业企业之间实际缴费水平不均衡。由于各省市之间所采取的具体征收政策与对应的标准存在差异，加之缴费基数由各地的平均工资作为计费基础，而不同地区的经济基础存在较大差异，特别是东部与西部地区，进而导致征收工作在实际操作中涉及的依据与标准难以统一。其次，由于各级地方政府对部分行业与特区给予一定的社保优惠政策，如高新技术型等非劳动密集型企业。相比传统劳动密集型企业而言，这些企业社保实际负担并不是太大，进而导致了参保率与缴费率在行业之间出现一定差距，不利于产业均衡化发展。由于地区间制度存在差异，征收力度也大小不一，这在征缴效率与少缴、欠缴保险费方面都得到了一定程度的相应体现。最后，社保机构征缴体制下，缺乏第三方监管，社保部门既负责征收又负责待遇计发，监管机制的缺失，可能导致养老基金被挪用、挤占以及基金结余增益低效。

二、税务部门全征管模式及其特点

税务部门全征管模式早在2002年就已在湖北与浙江等省（区、市）开始试行，发展至征缴改革之前，已有7个省（区、市）采纳，其中广东、浙江两省与厦门市先后经历了税务代征与税务全征。悉数各省征缴模式变迁历程，已逐渐由社保部门全征管向税务部门全征管转移，并未出现逆向转变，这与税务部门全责征管的强制性与高效性是分不开的。税务部门"全责征缴"意味着从缴费基数到缴费额度核定全链条都将由税务部门负责，具体包括基本养老保险缴费的登记、申报、审核（核定），以及划解财政专户全过程的征收管理工作，其具体特点如下。

（一）税务部门征收能力强，具有较强的强制性

相对于"费"而言，税收具有更高的强制性，从立法的角度上看，税收的立法层次远高于"费"，立法层次越高制度越不容易变迁，制度与各主体的预期也将更加稳定。明确的正式制度能够使各部门的分工和职能更加清晰，提升缴费主体的遵从度，规范缴费行为，减少交易成本。同时，税收具有固定性，缴费标准与核定基础不易发生变化，为全国层面统一基础费率与缴费标准提供了制度基础，打破了现阶段地区间基本养老保险制度差异，更能促进养老保险的全国统筹，真正体现基本养老保险的公平性与共济性。

（二）税务部门征收体制相对健全，更加系统高效

税务部门及相关机构成立时间较久，人员配置以及相关措施更加齐全。截至2019年年底，税务系统共有102.39万人，其中在职人员已达72.95万人。此外，税务部门掌握着"金税三期"数据库，目前即将升级至"金税四期"。该数据库经过数期的完善，现有功能较为强大，能够为税务机关提供准确、全面的数据信息，帮助其掌握企业的实际用工状况、职工的实际工资水平及相应的纳税状况，同时，能够实现经过简单的系统调整即可一键生成相应的征缴基数与额度，可大幅度降低企业少缴与不缴行为。与此同时，税

务部门还掌握着企业的纳税登记信息,参与企业年检,对企业能产生较大影响,并能掌控基本养老保险费的费源信息与管控。更重要的是,税务部门拥有专门的稽查部门,能够进行相应的稽核与稽查工作,有利于督促企业申报与缴费,加强缴费遵从度,做到应收尽收。

(三)税务机关能够整合征收成本,提高实际效率

缴费主体在税务机关全责征管模式下,能够在很大程度上简化缴费流程。因为,不论对企业还是职工而言,所得税、增值税等相关税目的缴纳是不可避免的,将基本养老保险费与相关税收合并至一个相同机构进行征收,在目前我国所实行的代扣代缴制度下,从理论上而言可以缩减征收成本,同时简化缴费主体的缴费流程,提升缴费意愿。税务机关组织体系相对齐全、规范,有充足的征缴经验与成熟的管理体系,结合相关数据库的使用,能够达到更好的征缴效果。部门的统一与征缴工作的整合,能够减少基本养老保险费的征收环节,简化工作流程,减少部门之间与各部门内部的冲突与利益纠纷,真正实现基本养老保险费征收效率的提升。

三、税务部门代征模式及其特点

税务代征模式指社保主要由社保机关基金核算与计发,税务机关仅拥有十分有限的征管职能。该模式是介于社保全责征管与税务全责征管之间的过渡模式。截至征缴体制改革之前,共有15个省(区、市)采用。在该模式下,首先由社保经办机构核定数据,确定缴款数额,税务机关仅执行代征职能,将征缴的基金收入汇入对应的财政专户,资金的管理仍由社保经办机构负责,具体流程如下:①社保经办机构制订与核定征缴计划;②缴费单位向社保部门登记、申报缴费;③社保经办部门核定缴费基数,并将应征数传送给税务部门;④税务部门按应数征缴、追欠、查处、划解财政专户;⑤社保经办机构按照税务部门征收数划账与核发待遇。

税务代征模式是基本养老金征收由社保部门向税务部门转移的特定形式,在实际的操作中也显现出来了一定的成效。首先,体现在对征缴面的扩大与养老金安全性的加强。税务部门与企业沟通合作密切,工作联系紧密,对于企业的情况相对更加了解与熟悉,通过税务征管办法与稽查机制能够更

好地进行监察与督促，优化企业的缴费行为。就基金安全而言，税务机关征收的养老金将直达国库，减少基金的流转过程，便于构建基础养老金运行的监督机制，切实保证基金安全。

税务部门代征模式所面临的最大问题为各部门相互之间的合作与协调面临一定的交易成本。由于涉及两个较大的职能部门，相应的衔接工作较为复杂，对应的权责不清。税务机关在此征管模式下，主要负责单一的征收环节，征收计划与缴费基数的核定由社保经办机构制订，缴费基数由社保经办机构核定，这就导致了税务部门对于征收工作没有相应的合理预期，进而导致计划应征考核数与实际征收数量存在一定的脱节。同时，由于税务部门缺乏相应的管理权与监察权，在当征收工作面临阻碍与困难时，缺乏相应的主观能动性与积极性。

第二节 不同征缴模式下的比较分析及研究指标选取

目前，伴随着征缴体制改革的逐步深入，我国多数地区征缴模式处于由税务机关代征模式向税务机关全责征缴模式转变阶段。在现阶段，税务机关代征模式在全国范围内仍占主导地位。因此，通过委托代理理论对该模式进行分析能够有助于比较各种征缴模式之间的差异，分析其利弊。

一、基于委托-代理模型下的征缴模式比较分析

（一）政府与征管部门之间的委托-代理

对于我国基本养老保险费的征缴工作，政府与征管部门之间的关系是值得关注的。人社部门与税务部门两者都是国家机关的重要组成部分。一方面，基本养老保险的征缴工作体现着基本养老保险制度的部分强制性，为制度的运行筹集相应的资金；另一方面，基本养老保险作为社会保险中的重要组成部分，能够对于社会财富进行再分配，且对经济具有一定的调控能力。因此，基本养老保险的征缴机构是国家履行社会保障职能与进行收入再分配的重要行政执法机构。虽然征缴机构隶属于政府，但作为从事具体分工的职能部门，其目标是追求部门利益的最大化，与政府所追求的

社会福利最大化的目标存在一定差异。征缴部门作为政府与缴费主体之间的中介，征缴工作的实际效果不仅决定我国基本养老保险筹资能力水平，对于各主体对基本养老保险制度的信心及政府与缴费主体之间的关系都能带来深远影响。

政府可以通过控制预算等一系列行政手段约束征缴部门，但征缴机关作为代理人对于实际的稽查费用的控制、罚金的标准等方面都有一定的自主选择权。根据信息经济学相关理论，政府与征缴机关存在一定的委托 – 代理关系，其中政府是委托人，对应的征缴部门是代理人，二者之间存在一定的信息不对称。

（二）税务机关代征模式下的委托 – 代理关系

由于存在"人社经办机构核算、税务机关代征"的征管模式，因此产生了委托 – 代理关系。在代征模式中，税务机关由代理人负责基金征收，而社保经办机构由委托人征收。就征收工作而言，社保部门追求基本养老保险整体的稳定可持续，减少养老金的支付压力，降低部门内部的工作压力，但税务机关作为平行且独立的政府机构，在执行社保征收工作当中将追求部门自身利益最大化。由于代征模式下，税务部门对于社保征收工作只存在于中间环节，不能进行缴费核算与基金的汇总，因此税务机关的实际工作只是"照单抓药"。至于"药单"是否正确，最后能否产生实际效果，都不在税务部门的责任范围内。税务部门的征收工作缺乏相关激励。

然而，税务机关是国家机关的重要组成部分，在税收的征收工作中具有以下权力。

（1）管理权。负责办理税务登记，审核纳税申报，管理相关发票事宜等。

（2）征收权。依法征收税款，并在法定权限范围内确定具体的征管方式、时间及地点。

（3）检查权。对征收对象进行会计核算，对相关涉税行为进行检查，并对涉税信息予以登记。

（4）违法处理权。对违反税法的纳税人采取罚款、没收违法财物与所得、停止出口退税权等相应强制措施。

（5）行政立法权。税务机关能够在其授权范围内制定具有一定约束力的相关税收政策及规范性文件，并对其作出相应解释。

（6）代位权和撤销权。税务机关针对历史债务关系造成的过去难以征收的税款，在特定情况下能够依法行使代位权和撤销权。但在基本养老保险费税务机关代征模式下，税务机关仅拥有部分征收权，加之《中华人民共和国社会保险法》中相关条款不明晰，税务机关无法完整获得对应的征收权。而在基本养老保险费的代征工作中，税务机关权力的缺失也将减弱代理工作的激励效用。在税务代征模式下，税务机关与人社经办机构之间的关系是一种明显的委托-代理关系，在这种关系中存在着相应的道德风险，即税务机关可能会为了维护部门利益而不惜牺牲基本养老保险的筹资利益。产生道德风险的主要原因在于双方信息的非对称性，即税务机关作为代理人负责具体的基本养老保险费的征收工作，了解实际的征收状况，同时由于其掌握着"金税三期"数据库，能够实时掌控缴费企业的实际状况，而委托人人社部门虽然掌控每个参保人教育水平、就业情况、收入情况、家庭成员情况等方面的信息链，但由于这类信息的收集都具有较长的周期性与时滞性，同时人社部门与税务部门作为同级单位，不具有相互领导关系，只存在分工与合作，人社部门对于税务部门具体的努力程度与征费能力无法进行监督与管控，因此，需要建立合理的激励机制，同时明晰相应的制度安排，使税务部门能够严格履行自己应尽的职责。相对于传统的委托-代理模型而言，人社部门与税务部门之间不存在实际的利益关系，这导致激励机制难以构建，只能通过制度建立的相关约束明确两部门的相关权责划分，进而能够实际提升基本养老保险筹资的效率。

现阶段，虽然2018年颁布的《国税地税征管体制改革方案》规定，从2019年开始，基本养老保险费将统一交由税务部门进行征收，但至今人社与税务两部门之间的工作移交仍存在一系列的难题，政策实际落实情况并不是十分理想，多数省（区、市）只是名义上税务部门全责征收，其实质仍是税务机关代征模式。因此，出于现实意义，下文主要针对税务机关代征模式下的委托-代理模型进行分析。

（三）税务机关代征模式下的委托-代理模型

在"人社经办机构核定、税务机关代征"征缴模式下，社保经办机构与税务机关为对应的一组代理人，以合作的方式共同完成整个基本养老保险费的征管工作，并且依次分工，彼此相对独立，能够对自身努力程度作出选择。

伊藤（Itoh）通过构建模型，试图解决委托人通过怎样的激励机制去诱使代理人互相帮助的问题。在其模型中，假定有两个代理人，依次负责对应工作，且两项工作相对独立，不存在相对业绩的比较。委托人在对激励机制构建时，主要针对是否应该刺激代理人之间进行相互协作。该研究主要被分为两个方向：①代理人之间是否存在利益关系，进而导致代理人之间的相互帮助；②代理人之间的互帮互助的实现对于委托人的利益所产生的实际效果。在模型中，激励机制实现"团队工作"最优的前提在于代理人之间努力工作的成本函数相互独立且彼此实际工作存在一定的互补性。在税务机关代征模式下，人社经办机构负责缴费的核算与发放，税务机关仅履行征收职能，因此，在该模式下，政府为委托人，人社经办机构与税务机关同为代理人，分工合作完成委托人目标。在该条件下会产生"战略替代性"效应，即代理人会减少自身努力程度，进而依赖于别人追求最优反应情况下给予的帮助。在经典的企业与职工的委托代理关系中，企业作为委托人所建立的激励机制要求每个职工所获得的工资水平只受自身工作业绩影响，但实际上每个人能够获得的工资水平由整个团队的产出与收益所决定。团队最优产出的实现主要取决于代理人之间的关系，即在实际工作中各主体之间存在的替代性或互补性，并以此为基础，提升其工作能效。在基本养老保险费的征缴工作当中，人社部门与税务机关在代征模式下，实际工作更多是一种互补关系，但却缺乏对税务部门相应的激励机制，在代征模式下，税务部门在执行实际的征收工作时，只负责简单地"照方抓药"，在实际操作中很容易遇到一系列的问题。因此，就税收征收工作而言，在税务登记、账簿及凭证管理、纳税申报、税款征收缴纳、税务检查等一系列具体流程中，单一环节对于总体效果的贡献程度难以量化，因此，在代征模式下，委托人对于税务机关的激励机制难以建立，难以实现最优的结果。不同征管模式下的管理流程见表4-1。

表 4-1　不同征管模式下的管理流程比较

流程征管模式	社保经办机构全责征管模式	社保经办机构核定、税务代征模式	税务全责征管模式
参保登记	社保经办机构	社保经办机构	税务部门
险种核定			
申报			
征收		税务部门	
缴费检查			
欠费追缴			
社保争议处理		社保经办机构	未参保登记的由社保部门处理；缴费不足的由税务部门受理
行政处罚		未登记的由劳动保障行政部门处罚；缴费不足由税务部门处罚	有关行政部门

二、衡量养老保险筹资能力的指标选取

出于数据取得的便捷性考虑，本章选取城镇职工基本养老保险作为研究对象，社保部门与税务部门都是其征缴机构，而且该险种涉及企业与个人缴费，缴费主体更加多元化，更具代表性与可比性。以城镇职工养老保险为代表作为研究对象的结论适用于其他基本养老保险险种。与此同时，在社保费的实际征缴工作当中，各地区针对不同险种的征收由不同的征收部门进行。例如，青海省税务机关只负责对城镇职工基本养老保险与失业保险进行征收管理，湖南、陕西与内蒙古税务部门只征收养老、医疗与失业三大险种，社保其余部分则交由社保经办机构征收。

基本养老保险征缴模式对筹资能力的影响主要集中表现在对征收效率的影响。学界对于"征收效率"的定义有别于传统的税务征管效率，其影响因素主要取决于就业人员的参保率和社保基金征收率两项指标。其中，就参保率而言，在党的十八大与十九大中都明确提出"全覆盖"的工作目标，即应参保人群全部参保，实现应保尽保。参保率 = 参保职工人数 / 应参保人

数，其中，应参保人数为城镇单位就业人员与全部私营和个体就业人员的合计数❶。

2019年国务院办公厅印发的《降低社会保险费率综合方案》提出："将下调城镇职工基本养老保险单位缴费比例，各地可降至16%；低于16%的，要研究提出过渡办法。"经过逐步调整，现阶段，除个别省（区、市）仍处于调整阶段外，其他地区基本上已做到单位和个人分别按16%与8%的费率缴费。

目前，基本养老保险费率水平整体已经趋于稳定，相比而言，缴费基数对整体筹资水平的影响更为显著。现实中，以我国城镇职工基本养老保险为例，对应的缴费基数的确定存在一定的差异，部分地区采用最低工资，部分地区采用在岗职工平均工资，部分地区按照行业采取差异化的缴费基数，但绝大多数则采用社会平均工资。与此同时，灵活就业人员在实际缴费环节多以企业职工的缴费基数的一部分（60%左右）进行缴费，因此，如果以在岗职工平均工资作为缴费基数，则存在一定的高估，灵活就业人员的缴费基数将比实际高。因此，本章采用工资总额作为缴费基数，征收率=实际征缴收入/城镇单位就业人员工资总额。考虑数据的可得性与完整性，本章主要采取单一指标，选取征缴率作为解释变量，分析征缴体制改革下税务机关全责模式所能带来的实际效果。

第三节 税务机关全责征管对养老保险筹资能力影响的实证分析

自《社会保险费征缴暂行条例》与《中华人民共和国社会保险法》颁布与实施以来，我国基本养老保险费征收体制为社保经办机构全征、税务部门代征与税务部门全征管3种模式。其中，税务部门代征模式下，税务机关只负责征管工作中的中间环节，仅执行对基础养老金的征收工作，缴费的核定与基金的最终流出都由社保经办机构执行，相对于社保全责征管而言，主要

---

❶ 通过调研发现，很多参保者以"个人身份"参保但因不是城镇户籍而未算入城镇就业人员，故本书不考虑户籍因素，采用全部私营企业和个体就业人数。

是在征收效率上有所提升，节约了征缴成本，对于实际征缴率的影响并不大。2018年颁布的《国税地税征管体制改革方案》提出，自2019年起，基本养老保险费将全部交由税务部门全责征收，但随着整体经济增速的下行，为不增加企业压力与负担，国务院办公厅印发的《降低社会保险费率综合方案》提出，暂缓征收体制改革进程，"成熟一省、移交一省"，以税务部门全责征管作为征缴体制改革的最终目标，待条件成熟之后，缓慢实现。

征缴体制改革的制度目标旨在加强征收能力，提升征缴效率。税务部门的全责征管将对基本养老保险的实际征缴率带来影响。其中，

$$征缴率 = \frac{实缴收入}{应缴收入} = \frac{在职参保人数 \times 实际缴费基数 \times 名义费率}{在职参保人数 \times 法定缴费基数 \times 名义费率} = \frac{实际缴费基数}{法定缴费基数}$$

出于数据收集的便捷性与准确性考虑，且由于征收机构所面对的征收对象主要为企业，本章选取城镇职工基本养老保险作为研究对象。在此基础上，由于税务全征与税务代征实质上存在较大差异，尤其对税务机关的主观能动性产生直接影响，本章以不同征收模式下的征缴率水平判断征缴体制改革带来的实际影响。自1999年《社会保险费征缴暂行条例》开始实施，截至2018年年底，在各省（区、市）中，共有6个实行税务机关全责征收模式，依次为广东省、福建省、浙江省、海南省、辽宁省与湖南省。本书以此作为数据来源。征缴率作为目标变量，涉及实际征缴收入等相关数据，因此需从城镇职工基本养老保险基金收入数据中剔除各级财政补贴以及基金增值投资收入，主要针对各省市基础养老基金的实际征缴收入展开研究。由于各省市城镇职工基本养老保险相应的财政补贴所公开的相关数据不全，《中国养老金发展报告》中只能提取到2011—2015年的31个省（区、市）的数据，本书结合人社部与各地方政府网站所公开的数据收集到了北京、天津、吉林、上海、河南、山东、湖南、广东、四川、云南与甘肃11个省（区、市）2016—2018年的征缴收入数据，并结合《中国统计年鉴》《中国劳动统计年鉴》构成了本书采用的整体数据样本。我国各省（区、市）基本养老保险费征缴模式见表4-2。

第四章 征缴模式对养老保险筹资能力的影响分析

表 4-2 我国各省（区、市）基本养老保险费征缴模式

省（区、市）	北京	天津	河北	山西	内蒙古	辽宁	吉林	黑龙江	上海	江苏	浙江
征收模式	社保全征	社保全征	税务代征	社保全征	税务代征	税务全征	社保全征	税务代征	税务代征	税务代征	税务全征
改革时间	—	—	2002年	—	2001年	2000年	—	2000年	2009年	2004年	2005年

省（区、市）	安徽	福建	江西	山东	河南	湖北	湖南	广东	广西	海南	重庆
征收模式	税务代征	税务全征	社保全征	社保全征	税务代征	税务代征	税务全征	税务全征	社保全征	税务全征	税务代征
改革时间	2001年	2001年	—	—	2017年	2002年	2001年	2009年	—	2000年	2011年

省（区、市）	四川	贵州	云南	西藏	陕西	甘肃	青海	宁夏	新疆
征收模式	社保全征	社保全征	税务代征	社保全征	税务代征	税务代征	税务代征	税务代征	社保全征
改革时间	—	—	2007年	—	2001年	2000年	2001年	2008年	—

· 83 ·

一、模型设计及变量选择

本章实证的被解释变量为征缴率，反映税务机关全责征管后对基本养老保险征缴率造成的实际影响。参照曾益等、李波等与彭雪梅等的相关研究，结合前文征缴率的计算公式，得到本章所需公式，具体如下[102-104]：

$$征缴率 = \frac{实际征缴收入}{在职参保人数 \times 法定缴定缴费 \times 名义费率} \quad (4-1)$$

在实证中，自变量为税务部门全责征收，由税务部门全责征收（同时核定缴费基数与征收养老金）的地区表示为1，由社保经办机构核定计费基数的情况下，不论具体的征收部门是否是税务机关，表示为0，税务机关全责征管的对应变量为0-1虚拟变量。在参照相关研究与考虑自平衡能力的基础上，本章引入了相应的控制变量：地区财政能力、老龄化程度、国有企业劳动力占比、开放程度、基金累计结余率（滞后一期）。其中，地区财政能力 = 一般公共预算收入 / 地区生产总值。对于对省级财政而言，税收收入是省（区、市）一般公共预算收入的主要来源，税收收入占当地地区生产总值的比重越高，说明当地税务部门的征收能力越强，进而提升对应的城镇职工基本养老保险征缴率。老龄化程度 = ln(地区生产总值 / 城镇职工基本养老保险参保退休职工人数)，地区老龄化程度越高，制度赡养率对应也会越高，需要承担更多的基金支出，进而需要更高的征缴率。国有企业劳动力占比 = 国有单位就业人数 / 城镇就业人数，相对于民营与中小微等企业的缴费遵从度，机关、事业单位与国有企业的遵从度会更高，因此，地区国有单位就业人数越多，对应的缴费率也会越高。开放程度 = 地区进出口总额 / 地区生产总值，对外开放程度决定本地实际劳动力的数量，开放程度越高，则本地实际社保水平越低，进而导致征缴率呈低水平。基金累计结余率 = 基金累计结余 / 当期基金收入，基金累计结余率水平决定基金未来的实际支付能力，对于地区征缴率能够产生不确定的影响，可能为进一步降低企业负担减少征缴率，也可能进一步优化征缴能力，使征缴率进一步提升。该处的变量描述性统计是原始数据，没有进行任何形式的处理。回归结果中的变量对征缴率和征缴率的滞后一期进行了处理，处理方式如下：对征缴率和征缴率的滞后一期取均值得到 mean_rate 和 mean_rate_lag 变量,然后用 rate 和 rate_lag 分别减去均值,得到 drate 和 drate_lag 变量,再分别乘以 10。回归中其他变量未作其他形式的处理。表 4-3 中为相关变量的描述性统计结果。

表 4-3 变量的描述性统计

变量名	样本量	均值	标准差	最小值	最大值
征缴率	188	0.612 804 2	0.154 405 2	0.326 733 3	1.135 062 0
税务部门全责征收(1,0)	188	0.191 489 4	0.394 523 9	0	1
征缴率滞后一期	157	0.619 195 2	0.160 820 3	0.326 733 3	1.135 062 0
ln(国内生产总值)	188	28.103 130 0	0.967 521 9	24.827 280 0	29.933 060 0
地区财政能力	188	0.114 861 8	0.033 103 0	0.063 932 2	0.227 339 8
老龄化程度	188	14.540 130 0	1.013 358 0	10.373 490 0	15.992 100 0
基金累计结余率(滞后一期)	188	1.132 517 00	0.430 928 5	0.350 632 0	2.714 911 0
国有企业劳动力占比	188	0.443 626 3	0.167 352 2	0.143 057 8	0.961 017 5
开放程度	188	0.310 960 5	0.346 108 6	0.035 947 5	1.558 039 0

二、计量模型设定

本章采用面板数据模型进行分析,采用的数据为 2011—2015 年 31 个省(区、市)与 2016—2018 年部分省(区、市)的相关数据,通过动态面板数据模型进行分析,具体回归方程如下:

$$Y_{it} = Y_{it-1}\beta + X'_{it}\beta_1 + C'_{it}\beta_2 + \mu_i + \xi_{it} \ (i=1,\cdots,n, \ t=1,\cdots,T) \quad (4-2)$$

其中,Y 为被城镇职工基本养老保险的征缴率,为被解释变量,X 为税务部门全责征管的解释变量,β 与 β_1 为滞后一期 Y 与 X 的系数,C 为与之对应的相关解释变量,即上文涉及的地区财政能力、老龄化程度、国有企业劳动力占比、开放程度、基金累计结余率,β_2 为对应控制变量的系数,

$\mu_i + \xi_{it}$ 为复合扰动项。

三、征管模式影响征缴率水平的实证结果

本章通过使用动态面板数据模型，采用逐步回归，分析税务部门全责征管模式对城镇职工基本养老保险征缴率的实际影响。在2018年年底的征缴体制改革发生之前，广东省、福建省、辽宁省、浙江省、湖南省与海南省6省就已经完成了税务部门全责征管城镇职工基本养老保险费的征缴体制改革。因此，在本章的实证设计中，解释变量X的相关数据选取2011—2018年部分省（区、市）的征缴率水平是具有同等效用的。本章通过运用系统动态面板数据模型，对征缴体制变化（税务部门全责征收）所产生的政策效应作出评估。税务部门全责征收社保费对征缴率影响的实证结果见表4-4。

其中，模型（1）不包含控制变量，仅针对税务部门全责征管所带来的实际影响。而在模型（2）～模型（6）中，依次加入对应的控制变量实证结果，如下所示：随着控制变量的加入，税务机关全责征管城镇职工基本养老保险费会使征缴率增加11.1%～18.8个百分点。2018年我国城镇职工基本养老保险征缴率为64.25%，则当税务机关全责征管基本养老保险费之后，征缴率将逐步增至74.35%～83.05%。

目前，最新相关数据显示，2019—2020年，虽然征缴体制已经发生变化，但由于经济下行与一系列的外部因素影响，在以降低企业压力与负担为第一任务的基础上，较多数省（区、市）征缴体制改革的实际进程缓慢，部分地区甚至陷入了停滞。与此同时，在改革的进程中，也暴露出了一些问题，重点表现在税务部门与人社部门之间的沟通仍存在一定的问题。以H省为例，在实际调研中发现，截至2020年下半年，征缴体制改革进行近两年时，税务机关的全责征收从未真正实现过，实质上仍为税务机关代征模式。与此同时，在有些沿海省（区、市），征缴体制省内尚未统一，不同地级市之间甚至同时出现3种不同的征缴模式。

第四章　征缴模式对养老保险筹资能力的影响分析

表 4-4　税务部门全责征收社保费对征缴率影响的实证结果

变量	模型（1）	模型（2）	模型（3）	模型（4）	模型（5）	模型（6）	模型（7）
税务机关全责征收（=1，是）	0.158*** (0.051)	0.093* (0.049)	0.102* (0.055)	0.111** (0.049)	0.150*** (0.047)	0.188*** (0.050)	0.184*** (0.047)
征缴率（滞后一期）	0.205 (0.136)	0.198 (0.136)	0.201 (0.136)	0.202 (0.136)	0.193 (0.141)	0.192 (0.142)	0.192 (0.142)
ln(GDP)	—	0.113*** (0.040)	0.123*** (0.040)	0.081 (0.082)	0.203** (0.092)	0.308*** (0.102)	0.302*** (0.096)
地区财政能力	—	—	1.607** (0.642)	1.610*** (0.591)	1.987*** (0.418)	3.347*** (0.686)	3.076** (1.309)
老龄化程度	—	—	—	0.043 (0.064)	-0.066 (0.081)	-0.095 (0.073)	-0.091 (0.066)
基金累计结余率（滞后一期）	—	—	—	—	-0.227*** (0.081)	-0.257*** (0.079)	-0.257*** (0.080)
国有企业劳动力占比	—	—	—	—	—	0.593** (0.268)	0.628* (0.323)
对外开放程度	—	—	—	—	—	—	0.045 (0.188)
常数项	0.0001 (0.108)	-3.141*** (1.134)	-3.606*** (1.169)	-3.047* (1.607)	-4.702*** (1.526)	-7.640*** (2.028)	-7.506*** (1.984)
样本量	157	157	157	157	157	157	157
R_2	0.1631	0.1612	0.1617	0.162	0.1625	0.1636	0.1641

注：括号中为省级聚类稳健标准误，***、**、* 分别表示在1%、5%和10%的显著性水平上显著。

第四节 征缴模式影响筹资能力的主要结论及判断

本章通过实证分析证明，征缴体制改革带来的征缴模式变化——向税务机关全责征管模式的转变，能够提升各地区的实际征缴率，有利于真正实现应收尽收。此外，通过实际调研发现，税务机关全责征管模式相比社保机构征收而言，其真正优势并不体现在执法能力与检查力度。社保相关部门虽然执法能力与规模略逊色于税务机关，但通过挂钩征信记录与收取滞纳金、罚金等手段，仍能较好地进行征收工作。社保部门征缴模式真正导致征缴率不高的原因主要还是其机构设置中存在一些原生缺陷。社保机关在实际管理中，从上至下保持着一种指导关系，上级部门对下级部门的相关约束与硬性要求不多，这直接导致了不同地区在基本养老保险费征收工作中缴费基数核定标准、征收力度、优惠政策等诸多方面存在一定的差异。而税务机关对于征缴工作的优势则体现在税务部门的体制优势方面，即由上至下进行垂直管理，便于统一政策的贯彻与执行。值得一提的是，税务机关全责征管模式的真正落实落地与基本养老保险全国统筹的实现，本质上是相辅相成的。税务机关全责征管如果实现，将要求全国范围内征缴政策与待遇标准统一，而这正是基本养老保险的全国统筹实现的客观要求。现阶段，制约税务机关全责征管的关键在于法律层面，即缺乏相应的正式制度予以支撑，《中华人民共和国社会保险法》需进一步修订，明确税务机关实际职能与权力边界，进而充分释放税务全责征管模式的征管能力，提升我国基本养老保险的筹资效率，为基本养老保险全国统筹的实现创造条件。

我国社保费的欠费问题是长期以来一直未得到妥善解决的顽疾，是征缴能力不足的表现。近年来，随着经济增速放缓、国际关系复杂化，为维持市场稳定，进一步减轻企业压力，中央传达了"地方不得自行组织开展清欠工作"的工作指示。国家税务总局印发的《关于实施进一步支持和服务民营经济发展若干措施的通知》进一步指出："对包括民营企业在内的缴费人以前年度欠费，一律不得自行组织开展集中清缴。"就以上相关文件来看，社会保险费征缴体制改革的实际进程已经放缓。为应对疫情冲击，减轻企业实际压力，我国施行了社保费阶段性减免的政策。如何利用免征政策的窗口期，降低征缴体制改革带来的制度变迁成本，是下阶段基本养老保险筹资效率优化的重点和难点。

第五章　统筹层次对基本养老保险筹资结构的影响分析

第一节　相关假设与说明

一、统筹层次与中央调剂金制度

根据我国基本养老保险事权与财权在中央与地方政府间的分配方式，统筹层次可划分为全国统筹、省级统筹与县市级统筹3种形式。基于相关理论，统筹层级越高，越能够体现大数法则，且符合基本公共服务均等化的内在要求。实现基本养老保险的全国统筹在很早就已被提上议程，在《中共中央关于全面深化改革若干重大问题的决定》《中华人民共和国国民经济和社会发展第十三个五年规划纲要》、党的十九大报告、《中共中央 国务院关于新时代加快完善社会主义市场经济体制的意见》中均明确指出、反复强调需"尽快实现养老保险全国统筹"。但实际上，我国基本养老保险制度统筹层次提升缓慢，按照原劳动和社会保障部、财政部确定的省级统筹"六个统一"标准（以省为单位实行统支统收，养老金在省内进行余缺调剂），截至2018年，仅北京、天津、上海、重庆、西藏、青海、陕西、广东几个省（区、市）实现了真正意义上的省级统筹，其余地区仍基本停留在地市级统筹或省级调剂金周转余缺的阶段。我国基础养老金统筹级次存在长期偏低且不统一的问题，这导致基本养老金收入结构零碎，呈现严重的地区失衡格局。

为了均衡地区间基本养老保险基金，提升配置效率，优化整体筹资结构，2018年，国务院印发《关于建立企业职工基本养老保险基金中央调剂制度的通知》，提出各省市需按照一定比例上解基础养老金，供中央统一调剂使用。这标志着我国中央调剂金制度正式建立,也意味着养老保险实行全国统筹迈出了第一步。我国基本养老保险现处于由省级统筹向全国统筹过渡的阶段,而中央调剂金制度的建立就是为了通过对上解比例的不断提升,实现养老保险的全国统筹。中央调剂金制度实质上是对风险的调剂,即分摊养老负担,优化基金收入结构,促进基金的可持续性。中央调剂金制度是基本养老保险全国统筹的过渡政策。本章以此提出假设:调剂金制度上解比例越高,则基本养老保险统筹层次越高。基于此,本章通过研究中央调剂金制度对我国基本养老保险筹资结构的影响,间接反映与证明统筹层次的变化所能带来的实际影响。

二、筹资结构均衡与地区基本养老保险发展水平

随着人口老龄化加剧,各省市均出现了不同程度的基础养老金支付压力。除少部分经济发达省市,多数地区由于自身经济能力有限,不足以支撑不断攀升的养老支出,只能依赖于地方政府财政补贴,但养老金收支缺口仍频频出现,进而导致地区间养老发展差距不断加大。而基本养老保险的发展直接影响养老保险筹资,地区养老发展的不均衡将导致我国整体筹资结构不合理。《中国养老金精算报告2019—2050》提供的数据显示,2019年养老金当期收不抵支的省(区、市)已达到16个,而广东省当年对应的基础养老金结余数量巨大,远超大多数地区[100]。与此同时,国家统计局相关数据显示,广东省基础养老金收入状况一直处于超高水平,以2017年为例,其城镇职工养老金当期结余达1500亿元以上,接近当年全国养老金当期结余总量的30%,而对应的当期,东北三省出现了严重的赤字,地区间两极分化程度严重。地区的不均衡,其原因主要在于当前基金收入筹资结构过于发散,整体脆弱,进而引发了基础养老基金配置效率低下。其具体体现在发达地区的基金结余闲置浪费,无法转借调剂,而出现赤字的地区需依赖各级政府的财政补贴才能填补基金支出,这带来了资源的错配,不利于基金自身平衡能力的优化。2020年,财政部发布的中央调剂基金年度预算显示,2020年中央调剂金总量将达到7398.23亿元,较2019年基金实际调剂规模增加1095.23亿元,增幅达到

17.4%。财政部相关数据显示，2020年调剂金净贡献省（区、市）共有7个，依次为广东、北京、浙江、江苏、上海、福建、山东，共贡献1767亿元。其中，广东省排名第一，上缴金额达到1085.45亿元，净贡献645.71亿元。净受益的地区（含新疆生产建设兵团）共有22个，其中东北三省和湖北是最大受益者。辽宁、黑龙江与吉林净受益依次为555.58亿元、485.56亿元、145.19亿元，三省净受益合计1186亿元，占总受益省（区、市）金额的60%以上。上缴划拨基本持平的省（区、市）数量为3个。2018—2020年各省（区、市）中央调剂基金上解与下拨状况见表5-1。

建立中央调剂金制度旨在对基础养老金的收支结余在全国进行调剂，分担各省市的养老金支出压力，优化基本养老保险的筹资结构，加强基金的统筹性，加强共济性。调剂金制度的施行必将对地方养老发展状况产生实际影响[105]。有学者认为，目前我国基本养老保险制度存在区域发展不均困境的主要原因是现行省级统筹层次偏低[106]。邹丽丽等提出，相关调剂政策的介入是缩小当前我国各省市养老保险制度发展差距的关键[107]。由于各省市经济基础与发展水平存在巨大差异，以保险制度的自身作为发展对象难以实现制度的均等化，需寻求外力帮助。养老保险基金的收支状况是衡量地区养老制度发展水平的重要指标，具体通过当期结余的正负、多少予以体现，而调剂金制度的实际作用是对各省市养老基金的当期结余进行再分配，进而促进各地区养老基金收支的整体均衡。郑功成认为，统筹层次偏低是导致地区间基本养老制度发展不均的根本原因，提高统筹层次将均衡地区养老压力，降低管理成本，提升共济性[60]。整体来看，中央调剂金制度能够改进基础养老金整体收入结构的不均，进而促进各地区均衡程度，进而对基本养老保险整体筹资结构予以优化。因此，本章试图探究以下问题：中央调剂金制度正式实施以来的调剂效果如何，中央调剂金制度的实施对于各地区基础养老金的财务状况是否能够改善，调剂金制度作为养老保险全国统筹的过渡政策是否应该缩短过渡时间，中央调剂金制度的实施对各地区将带来怎样的影响，其对于基本养老保险筹资结构的优化能否带来助益，等等。

表 5-1 2018—2020 年各省（区、市）中央调剂基金上解与下拨状况

单位：亿元

年份	上解或下拨状况	北京	天津	河北	山西	内蒙古	辽宁	吉林	黑龙江	上海	江苏	浙江	安徽	福建	江西	山东
2018	上解额	331.5	73.0	106.4	77.8	55.6	93.6	53.0	69.3	247.3	344.3	248.6	123.5	145.3	83.3	229.0
	下拨额	98.6	74.2	153.0	88.1	95.6	265.3	111.6	193.8	168.6	292.7	271.0	115.2	64.0	111.9	227.5
2019	上解额	479.7	105.2	152.8	111.5	81.9	131.7	74.2	88.8	380.4	460.1	352.5	167.0	188.9	120.4	315.5
	下拨额	138.3	103.4	213.3	125.1	136.6	373.0	163.0	274.2	234.0	419.7	391.7	163.3	91.0	159.3	325.1
2020	上解额	631.2	125.1	168.0	106.3	81.9	189.5	86.6	95.4	504.4	738.9	593.3	184.8	254.0	152.6	510.1
	下拨额	168.6	134.0	197.4	150.7	167.7	745.1	231.8	580.9	373.9	586.5	456.8	189.1	85.5	192.3	439.4

年份	上解或下拨状况	湖北	湖南	广东	广西	海南	重庆	四川	贵州	云南	西藏	陕西	甘肃	青海	宁夏	新疆
2018	上解额	167.5	134.1	108.1	483.6	76.8	20.9	86.4	169.6	68.8	92.8	12.0	99.9	49.1	14.7	15.0
	下拨额	163.4	186.2	152.7	213.9	87.5	23.7	130.6	296.2	50.3	59.1	3.2	86.8	52.2	15.0	21.4
2019	上解额	231.4	186.5	162.0	727.6	112.5	30.3	117.6	239.8	98.9	118.1	19.3	144.1	68.5	21.9	21.6
	下拨额	231.1	267.1	222.1	306.8	122.7	33.2	185.9	418.6	71.2	83.0	4.6	120.7	72.9	21.3	30.2
2020	上解额	250.3	230.9	161.5	1 085.5	112.8	39.1	198.8	342.9	110.7	114.2	14.2	125.8	62.4	18.5	32.4
	下拨额	260.8	417.8	187.1	439.7	124.3	40.5	217.2	393.5	110.7	114.2	14.2	135.9	85.2	26.7	37.1

第二节　中央调剂金制度对养老保险筹资结构的影响

本章试图结合当前制度环境，以我国城镇职工基本养老保险统筹账户为研究对象，以 2020 年作为起始点，对人口、工资等方面进行预测。同时，结合精算模型分析中央调剂制度对各省（区、市）养老金收入与支出带来的实际影响，并结合对上解与拨付方案两个层面，判断调剂金制度向养老保险全国统筹过渡所能产生的实际影响。

一、模型设定

综合前文，本章选取我国城镇职工养老金的统筹账户为主要研究对象。根据《国务院关于建立统一的企业职工基本养老保险制度的决定》与《国务院关于完善企业职工基本养老保险制度的决定》以及相关研究成果，可以把统筹账户养老金拆分为基础养老金与过渡养老金，对应的养老金计发对象可以分为"老人""中人""新中人"与"新人"。其中，"老人"的设定主要针对实施前就已享受养老金待遇的人群，"中人"为《国务院关于建立统一的企业职工基本养老保险制度的决定》实施前已缴费、《国务院关于完善企业职工基本养老保险制度的决定》实施前开始享受养老金待遇的人群，"新中人"为实施前已缴费、《国务院关于完善企业职工基本养老保险制度的决定》实施后开始享受养老金待遇的人群，"新人"为《国务院关于建立统一的企业职工基本养老保险制度的决定》实施后已缴费的参保职工。

（一）农村人口预测

参考范维强等的相关研究成果，当年各省（市）农村人口等于上年度存活人口加上年度新生人口再减去向城镇迁移人口[108]。假设第 t 年 a 省的农村人口总量为 q_t^a，对应 x 岁的人口数量为 $q_t^a(x)$，第 t 年 a 省 x 岁的农村人口存活率为 $\mu_t^a(x)$，新生人口数量为 $q_t^a(0)$，农村人口迁移到城镇的概率为 $\chi_t^a(x)$，农村人口在 x 岁的生育率为 $\delta_t(x)$，则第 t 年 a 省的农村人口数量为

$$q_t^a(x) = q_t^a(0) + \sum_{x=0}^{99} q_t^a(x)$$

$$= \mu_t^a(0)\sum_{16}^{50}[q_t^a(x)\delta_t(x)] + \sum_{x=0}^{99}[q_t^a(x-1) - q_t^a(x-1)\mu_t^a(x-1)] \quad (5-1)$$

（二）城镇人口预测

当年各省市城镇人口等于上年度存活人口加上年度新生人口，再加上农村向城镇迁移人口。假设第 t 年 a 省的城镇人口总量为 p_t^a，对应 x 岁的人口数量为 $p_t^a(x)$，第 t 年 a 省 x 岁的城镇人口存活率为 $\gamma_t^a(x)$，新生人口数量为 $p_t^a(0)$，农村人口迁移到城镇的概率为 $\chi_t^a(x)$，城镇人口在 x 岁的生育率为 $\lambda_t(x)$，则第 t 年 a 省的城镇人口数量为

$$p_t^a(x) = p_t^a(0) + \sum_{x=0}^{99} p_t^a(x)$$

$$= \gamma_t^a(0)\sum_{16}^{50}[p_t^a(x)\lambda_t(x)] + \sum_{x=0}^{99}[p_t^a(x-1) - p_t^a(x-1)\lambda_t^a(x-1)] \quad (5-2)$$

（三）城镇职工人口预测

第 t 年 a 省的城镇职工同样等于各年龄段的城镇职工人数之和。结合当前高等教育普及程度，假设职工初始缴费年龄为 22 岁；结合人社部所公布的相关数据与延迟退休政策的逐步落实，假设参保职工退休年龄为 56 岁；假设参保职工的终极年龄为 100 岁。因此，假设第 t 年 a 省在职城镇职工人数为 $m_t^{1,a}$，退休职工人数为 $m_t^{2,a}$，则第 t 年 a 省 x 岁年龄的职工数量为 $m_t^a(x)$，则

$$m_t^{1,a} = \sum_{x=22}^{55} m_t^a(x) \quad (5-3)$$

$$m_t^{2,a} = \sum_{x=56}^{100} m_t^a(x) \quad (5-4)$$

二、各省市养老金收支模型的建立

各地区当年的基础养老基金收入与基金支出的差额等于对应的当期结余。基于人口预测模型可以得到各地区某年在职缴费职工人数与退休领取养老金的人数，以此推断出基金对应的缴费收入与实际支出。

（一）养老金支出

养老金给付基金在支出端，除包含各省市对退休职工实际支付的养老金，

还包含该地区中央调剂金制度对应的上解额。其中，基金支出 = 待遇给付 PE_t^a + 调剂金上解额度 PU_t^a；待遇给付 PE_t^a = "老人"与"新人"给付 PBE_t^a + "中人"给付 PTE_t^a；PBE_t^a = 领取人数 × 计发基数 × 计发比例 × 养老金增长率。假设 a 省"老人"与"新人"对应的 η_a 分别为 1、2，第 t 年 a 省 η 类人的最小与最大年龄依次为 $\alpha_t^{\eta,a}$ 与 $\beta_t^{\eta,a}$，第 t 年 a 省 x 岁 η 类人对应的退休人员数量、计发基数、计发比例、退休年龄与养老金增长率依次为 $n_t^{\eta,a}(x)$、$J_t^{\eta,a}(x)$、$r_t^{\eta,a}(x)$、$T_t^{\eta,a}$ 与 g_t^a，则对应的"老人""新人"养老金给付为

$$PBE_t^a = \sum_{\eta=1}^{2} \sum_{x=\alpha_t^{\eta,a}}^{\beta_t^{\eta,a}} n_t^{\eta,a}(x) J_t^{\eta,a}(x) r_t^{\eta,a}(x) \prod_{s=t+T_t^{\eta,a}-x}^{t} (1+g_s^a) \quad (5-5)$$

PTE_t^a = "中人"的基础养老金 + 过渡养老金；"中人"的基础养老金 = 领取人数 × 计发基数 × 过渡养老金计发比例 × 养老金增长率。假设 a 省"新中人"与"中人"对应的 z_a 分别为 1、2，第 t 年 a 省 z 类人的最小与最大年龄依次为 $\alpha_t^{z,a}$ 与 $\beta_t^{z,a}$，退休年龄为 $T_t^{z,a}$，第 t 年 a 省 x 岁 z 类人对应的退休人员数量、计发基数、计发比例、过渡养老金计发比例与养老金增长率依次为 $n_t^{z,a}(x)$、$J_t^{z,a}(x)$、$r_t^{z,a}(x)$、$k_t^{z,a}(x)$ 与 g_t^a，则对应的"中人""新中人"养老金给付为

$$PTE_t^a = \sum_{z=1}^{2} \sum_{x=\alpha_t^{z,a}}^{\beta_t^{z,a}} n_t^{z,a}(x) J_t^{z,a}(x) [r_t^{z,a}(x) + k_t^{z,a}(x)] \prod_{s=t+T_t^{z,a}-x}^{t} (1+g_s^a) \quad (5-6)$$

PU_t^a = 上解基数 × 地区在职参保人数 × 上解比例。假设第 t 年 a 省 x 岁在职参保人数为 $n_t^a(x)$，对应的平均工资、职工退休年龄、上解基数占在岗职工平均工资的比例与上解比例依次为 u_t^a、T_t^a、δ_t^a、θ_t^a，则对应的上解中央的调剂金额度为

$$PU_t^a = u_t^a \delta_t^a \sum_{x=22}^{T_t^a-1} n_t^a(x) \theta_t^a \quad (5-7)$$

（二）养老金收入

基金收入 = 在岗职工的缴费收入 + 中央调剂金拨付金额。假设第 t 年 a 省养老金收入 = 在职参保人数的养老保险基金缴费 PI_t^a + 中央的调剂金拨付额度 PD_t^a。其中，PI_t^a = 缴费人数 × 缴费工资 × 缴费率，假设第 t 年 a 省缴费工资为 ω_t^a，缴费率为 τ_t^a，则

$$PI_t^a = \sum_{x=22}^{T^a-1} n_t^a(x) \omega_t^a \tau_t^a \qquad (5\text{-}8)$$

PD_t^a = 地区离退休人数 × 全国人均拨付额，a =1,2,3,…,31，依次对应北京、天津、河北等 31 个省（区、市），则对应地区中央调剂金拨付额度为

$$PD_t^a = \frac{\sum_{\eta=1}^{2}\sum_{x=\alpha_t^{\eta,a}}^{\beta_t^{\eta,a}} n_t^{\eta,a}(x) + \sum_{z=1}^{2}\sum_{x=\alpha_t^{z,a}}^{\beta_t^{z,a}} n_t^{z,a}(x) \sum_{a=1}^{31} PU_t^a}{\sum_{a=1}^{31}\sum_{\eta=1}^{2}\sum_{x=\alpha_t^{\eta,a}}^{\beta_t^{\eta,a}} n_t^{\eta,a}(x) + \sum_{z=1}^{2}\sum_{x=\alpha_t^{z,a}}^{\beta_t^{z,a}} n_t^{\eta,a}(x)} \qquad (5\text{-}9)$$

三、参数设定

（一）人口参数

综合考虑积极的生育政策的影响，参考 2017 年联合国居中假设下的中国人口预测数据以及曾益测算结果，假设城镇和农村妇女总和生育率依次为 1.34 和 1.78[102]。参考第六次人口普查分年龄人口死亡率，假设 60 岁以上人口死亡率为 13‰。通过 Logistic 曲线回归拟合方法并参考邓大松的预测结果[109]，2019—2035 年综合评估后的人口城镇化率见表 5-2。

（二）年龄参数

结合延期退休政策的施行，假设从 2020 年起，女性退休年龄每隔 3 年推迟 1 岁，男性每隔 6 年推迟 1 岁，最终在 2045 年同时达到 65 岁，则截至 2035 年男职工的退休年龄将为 62.5 岁，女职工的平均退休年龄为 55 岁，城镇职工平均最低入职参保年龄为 22 岁，终极年龄为 100 岁。

（三）缴费率、征缴率与缴费基数

（1）缴费率。根据 2019 年发布的《国务院办公厅关于印发降低社会保险费率综合方案的通知》，各地区缴费率统一设为 16%。

（2）征缴率。结合第四章对税务机关全责征管所带来实际影响的分析，假设征缴率从 2020 年起为 84.55%。随着最新各省市基本养老保险统筹的实现与征缴模式改革税务机关职能的逐步过渡，税务机关全责征缴对于征缴率的影响可能大于前文实证结果，故参考曾益测算结果[102]。

（3）缴费基数。缴费基数采用上一年各地区职工平均工资。有学者研究发现，缴费基数增长率在未来会随职工平均工资放缓，在 2020 年法定缴费

基数增长率为6.5%的基础上,每5年下降0.5个百分点,直至降至2%。同时,假设全国职工平均工资增速等于经济增速,而地区生产总值增速等价于经济增速。基于此,将各地区生产总值增速取前3年平均值,对应的2020年地区生产总值则在2019年增速的基础上加上2017—2019年每年的平均增速。因此,对应的城镇职工基本养老保险法定缴费基数增长率也随之变化,以每5年下降0.5个百分点的变化趋势,直至降至2%趋于平稳。

(四)养老金计发标准与基金增值率

根据《国务院关于建立统一的企业职工基本养老保险制度的决定》和《国务院关于完善企业职工基本养老保险制度的决定》,"老人"和"中人"对应所获得的计发比例为70%与20%,"中人"计发比例与缴费年限挂钩,每增加一年,计发提升1.2%,"新中人"和"新人"则取决于缴费年限,每增加一年,计发比例增长1%。2020年以前,我国退休人员基本养老金调整水平一直保持5%左右的增长率,本章假设在测算区间内职工基本养老计发标准继续保持每年5%的增长率。本章将城镇职工基本养老保险基金保值增值率假定为3%。

四、中央调剂金制度下各地区养老金财务状况模拟

为加强我国基本养老保险统筹层次,均衡地区基本养老保险筹资结构,缓解地区间基础养老金的收支矛盾与压力,养老保险的全国统筹是必经之路,而中央调剂金制度作为实现其目标的第一步已率先展开。该制度自实施以来,调剂金上解比例逐年增长,由2018年的3%上升至2020年的4%,每年提升0.5个百分点。该制度的施行对各省(区、市)基本养老基金状况已产生实质性的影响。为了评估该制度不断推行条件下所能产生的实际影响,本章试图模拟在当前制度环境下,在中短期时间区间内,各地区养老金实际收入与结余的实际状况与变化。基于此,结合《国务院关于建立企业职工基本养老保险基金中央调剂制度的通知》《国务院办公厅关于印发降低社会保险费率综合方案的通知》以及近年来调剂金制度的发展轨迹,本章假设中央调剂金比例在2020年4%的基础上,仍保持每年0.5个百分点的增长速度,以此为基准情况。在该条件下,调剂金上解比例截至2035年提升为11.5%,各地区上解、下拨额变化及其财务运营结果模拟见表5-3、表5-4。

表 5-2 基于 Logistic 增长模型的城镇化率预测结果

年份	2019	2020	2021	2022	2023	2024	2025	2026	2027	2028	2029	2030	2031	2032	2033	2034	2035
城镇化率/%	60.60	61.63	60.60	63.56	64.46	65.32	66.14	66.93	67.67	68.37	69.03	69.66	70.24	70.80	71.31	71.80	72.25

表 5-3 2020—2035 年各省中央调剂金上解与下拨状况

单位：亿元

省（区、市）	2020年		2021年		2022年		2023年		2024年		2025年		2026年		2027年	
	上解额	拨付额	上解额	拨付额	上解额	拨付额	上解额	拨付额	上解额	拨付额	上解额	拨付额	上解额	拨付额	上解额	拨付额
北京	145.83	41.93	173.29	50.17	201.48	58.75	234.80	68.96	266.09	78.74	298.77	89.08	350.81	105.40	391.41	118.52
天津	30.13	31.35	35.37	37.52	40.63	43.94	46.77	51.57	52.36	58.89	58.07	66.62	67.36	78.83	74.24	88.64
河北	53.01	64.66	63.69	77.37	74.87	90.60	88.23	106.35	101.11	121.43	114.79	137.37	136.30	162.55	153.77	182.78
山西	25.11	37.91	29.80	45.36	34.60	53.12	40.26	62.36	45.57	71.20	51.09	80.54	59.91	95.30	66.75	107.17
内蒙古	22.49	41.39	26.68	49.53	30.96	58.00	36.01	68.08	40.73	77.73	45.65	87.94	53.50	104.06	59.58	117.01
辽宁	52.61	113.05	61.99	135.28	71.48	158.41	82.59	185.96	92.82	212.31	103.34	240.19	120.32	284.21	133.12	319.60
吉林	21.97	52.08	25.46	62.32	28.87	72.98	32.81	85.67	36.26	97.81	39.70	110.66	45.46	130.93	49.46	147.23
黑龙江	32.09	83.10	37.81	99.44	43.61	116.45	50.40	136.70	56.64	156.07	63.07	176.57	73.45	208.93	81.27	234.94
上海	94.46	70.93	111.31	84.87	128.35	99.39	148.31	116.67	166.68	133.20	185.58	150.70	216.08	178.31	239.07	200.51
江苏	143.69	127.20	170.83	152.21	198.71	178.24	231.68	209.23	262.68	238.89	295.08	270.26	346.63	319.79	386.93	359.60
浙江	129.99	118.72	155.41	142.06	181.80	166.35	213.17	195.28	243.07	222.96	274.60	252.23	324.42	298.46	364.19	335.61
安徽	42.03	49.42	51.01	59.13	60.57	69.25	72.10	81.29	83.46	92.81	95.72	105.00	114.81	124.24	130.84	139.71
福建	47.29	27.59	57.63	33.01	68.73	38.66	82.15	45.38	95.50	51.81	109.99	58.62	132.48	69.36	151.62	77.99
江西	33.85	48.27	41.03	57.76	48.67	67.64	57.86	79.40	66.89	90.66	76.62	102.56	91.77	121.35	104.46	136.46

第五章 统筹层次对基本养老保险筹资结构的影响分析

（续表）

省（区，市）	2020年 上解额	2020年 拨付额	2021年 上解额	2021年 拨付额	2022年 上解额	2022年 拨付额	2023年 上解额	2023年 拨付额	2024年 上解额	2024年 拨付额	2025年 上解额	2025年 拨付额	2026年 上解额	2026年 拨付额	2027年 上解额	2027年 拨付额
山东	105.42	98.53	125.02	117.90	145.07	138.07	168.72	162.07	190.82	185.05	213.83	209.35	250.57	247.71	279.01	278.55
河南	65.87	70.05	79.61	83.82	94.13	98.16	111.57	115.23	128.60	131.56	146.85	148.83	175.38	176.11	199.01	198.04
湖北	53.33	80.95	64.69	96.87	76.77	113.44	91.33	133.16	105.66	152.03	121.11	172.00	145.17	203.52	165.34	228.86
湖南	49.59	67.33	60.35	80.57	71.86	94.35	85.77	110.75	99.56	126.45	114.49	143.06	137.69	169.27	157.36	190.35
广东	234.29	92.99	280.71	111.28	329.10	130.31	386.71	152.96	441.91	174.64	500.32	197.58	592.37	233.79	666.45	262.89
广西	28.19	37.18	33.93	44.49	39.95	52.10	47.15	61.16	54.11	69.83	61.53	79.00	73.17	93.47	82.69	105.11
海南	10.39	10.07	12.49	12.05	14.70	14.11	17.33	16.56	19.88	18.91	22.59	21.39	26.84	25.31	30.30	28.46
重庆	38.56	56.34	46.89	67.41	55.80	78.94	66.55	92.67	77.20	105.80	88.71	119.70	106.61	141.63	121.75	159.26
四川	91.81	126.87	110.95	151.82	131.19	177.78	155.48	208.69	179.21	238.27	204.65	269.56	244.40	318.95	277.34	358.67
贵州	27.33	21.58	33.19	25.83	39.46	30.24	47.01	35.50	54.47	40.53	62.53	45.86	75.06	54.26	85.62	61.02
云南	26.07	25.14	32.25	30.09	39.04	35.23	47.36	41.36	55.89	47.22	65.34	53.42	79.87	63.21	92.79	71.08
西藏	2.81	1.39	3.43	1.66	4.09	1.94	4.89	2.28	5.69	2.60	6.55	2.95	7.90	3.49	9.05	3.92
陕西	39.38	36.59	47.19	43.78	55.32	51.27	65.01	60.18	74.29	68.71	84.11	77.73	99.58	91.98	112.04	103.43
甘肃	14.05	22.11	16.81	26.45	19.68	30.98	23.09	36.36	26.35	41.52	29.80	46.97	35.23	55.58	39.58	62.50
青海	5.84	6.47	7.01	7.74	8.23	9.06	9.69	10.64	11.09	12.15	12.58	13.74	14.92	16.26	16.82	18.29
宁夏	8.24	9.15	9.79	10.94	11.37	12.82	13.25	15.04	15.01	17.18	16.84	19.43	19.76	22.99	22.04	25.85
新疆	24.94	30.34	29.44	36.31	34.01	42.52	39.37	49.91	44.33	56.99	49.45	64.47	57.68	76.28	63.94	85.78
合计	1 700.67		2 035.05		2 383.08		2 797.42		3 193.94		3 613.37		4 275.52		4 807.84	

（续表）

省 (区、市)	2028年 上解额	2028年 拨付额	2029年 上解额	2029年 拨付额	2030年 上解额	2030年 拨付额	2031年 上解额	2031年 拨付额	2032年 上解额	2032年 拨付额	2033年 上解额	2033年 拨付额	2034年 上解额	2034年 拨付额	2035年 上解额	2035年 拨付额
北京	434.15	132.52	487.04	149.88	536.17	166.37	585.12	183.09	666.99	210.50	721.74	229.78	781.20	250.92	861.61	279.25
天津	81.34	99.11	90.13	112.09	98.01	124.42	105.64	136.93	118.95	157.43	127.14	171.84	135.92	187.65	148.07	208.84
河北	172.48	204.37	195.66	231.14	217.82	256.57	240.38	282.36	277.09	324.63	303.22	354.35	331.91	386.96	370.20	430.65
山西	73.93	119.83	82.83	135.52	91.06	150.43	99.23	165.55	112.96	190.34	122.06	207.76	131.93	226.88	145.31	252.50
内蒙古	65.96	130.83	73.85	147.97	81.14	164.25	88.38	180.76	100.56	207.82	108.60	226.85	117.32	247.72	129.15	275.69
辽宁	146.41	357.34	162.87	404.15	177.78	448.61	192.38	493.70	217.44	567.61	233.30	619.58	250.38	676.59	273.81	752.98
吉林	53.49	164.62	58.51	186.19	62.81	206.67	66.84	227.44	74.29	261.49	78.37	285.43	82.70	311.70	88.93	346.89
黑龙江	89.39	262.68	99.45	297.09	108.58	329.78	117.51	362.92	132.84	417.26	142.54	455.46	153.00	497.37	167.34	553.53
上海	262.94	224.19	292.49	253.56	319.29	281.45	345.51	309.74	390.54	356.11	419.02	388.72	449.71	424.49	491.81	472.41
江苏	429.38	402.07	481.92	454.74	530.78	504.76	579.51	555.50	660.90	638.66	715.48	697.13	774.79	761.29	854.94	847.24
浙江	406.46	375.25	458.80	424.40	508.21	471.10	558.04	518.45	640.06	596.06	696.90	650.63	759.00	710.51	842.34	790.73
安徽	148.26	156.21	169.91	176.67	191.08	196.10	213.01	215.81	248.05	248.12	274.22	270.84	303.24	295.76	341.70	329.16
福建	172.53	87.21	198.56	98.63	224.24	109.48	251.05	120.48	293.58	138.52	325.94	151.20	361.97	165.12	409.62	183.76
江西	118.21	152.58	135.29	172.57	151.95	191.55	169.18	210.80	196.76	242.36	217.24	264.55	239.91	288.90	269.99	321.52
山东	308.86	311.45	345.79	352.25	379.90	391.00	413.75	430.30	470.69	494.71	508.30	540.01	549.06	589.70	604.36	656.28
河南	224.53	221.42	256.20	250.43	286.88	277.98	318.44	305.92	369.23	351.71	406.42	383.92	447.48	419.25	502.04	466.58
湖北	187.24	255.88	214.44	289.40	241.02	321.24	268.52	353.53	312.50	406.45	345.26	443.67	381.57	484.49	429.70	539.20
湖南	178.79	212.83	205.45	240.71	231.69	267.19	259.00	294.05	302.43	338.07	335.26	369.02	371.76	402.98	420.06	448.48

第五章 统筹层次对基本养老保险筹资结构的影响分析

（续表）

省（区，市）	2028年 上解额	2028年 拨付额	2029年 上解额	2029年 拨付额	2030年 上解额	2030年 拨付额	2031年 上解额	2031年 拨付额	2032年 上解额	2032年 拨付额	2033年 上解额	2033年 拨付额	2034年 上解额	2034年 拨付额	2035年 上解额	2035年 拨付额
广东	745.41	293.94	843.24	332.44	936.08	369.02	1 030.10	406.11	1 184.08	466.90	1 292.06	509.65	1 410.29	556.55	1 568.56	619.39
广西	92.89	117.52	105.54	132.92	117.68	147.54	130.07	162.37	150.17	186.68	164.58	203.77	180.44	222.52	201.57	247.65
海南	34.01	31.82	38.61	35.99	43.01	39.95	47.50	43.96	54.80	50.54	60.01	55.17	65.73	60.25	73.37	67.05
重庆	138.23	178.07	158.74	201.40	178.88	223.55	199.82	246.02	233.16	282.85	258.28	308.75	286.20	337.16	323.15	375.23
四川	312.89	401.02	357.02	453.55	399.77	503.45	443.74	554.05	514.50	637.00	566.32	695.32	623.52	759.30	699.55	845.03
贵州	97.11	68.22	111.39	77.16	125.38	85.65	139.91	94.25	163.07	108.36	180.45	118.29	199.73	129.17	225.27	143.76
云南	107.18	79.47	125.21	89.88	143.54	99.77	163.13	109.80	193.65	126.23	218.25	137.79	246.05	150.47	282.66	167.46
西藏	10.30	4.38	11.86	4.96	13.40	5.50	15.01	6.06	17.57	6.96	19.52	7.60	21.69	8.30	24.56	9.24
陕西	125.32	115.64	141.77	130.79	157.38	145.18	173.19	159.77	199.08	183.69	217.24	200.51	237.13	218.96	263.75	243.69
甘肃	44.20	69.88	49.94	79.03	55.36	87.72	60.83	96.54	69.82	110.99	76.08	121.16	82.93	132.31	92.10	147.24
青海	18.85	20.45	21.36	23.13	23.76	25.67	26.19	28.25	30.17	32.48	32.98	35.45	36.07	38.71	40.19	43.09
宁夏	24.43	28.91	27.40	32.69	30.14	36.29	32.88	39.94	37.46	45.92	40.51	50.12	43.83	54.73	48.31	60.91
新疆	70.46	95.91	78.52	108.47	85.88	120.41	93.10	132.51	105.43	152.35	113.34	166.30	121.87	181.60	133.53	202.10
合计	5 375.62		6 079.79		6 748.66		7 426.96		8 538.81		9 320.63		10 178.31		11 327.53	

表 5-4 基准情况下各省养老金状况❶

省（区、市）	首次当期结余赤字出现年份	首次当期结余赤字出现数额/亿元	首次累计赤字出现年份	首次累计赤字出现数额/亿元	2035年基金累计结余/亿元	为调剂金制度收益还是贡献
北京	2033	129.3	—	—	25 505.6	贡献
天津	2020	334.5	2021	288.0	−24 454.9	先受益后贡献
河北	2020	1 303.5	2020	366.2	−64 568.1	受益
山西	2020	631.7	2022	753.1	−31 251.4	受益
内蒙古	2020	726.4	2020	112.6	−34 991.1	受益
辽宁	2020	1 835.3	2020	1 522.5	−89 402.9	受益
吉林	2020	796.1	2020	279.2	−39 410.3	受益
黑龙江	2019	—	2019	—	−66 647.2	受益
上海	2020	687.6	2022	976.4	−61 214.3	贡献
江苏	2020	105.7	2025	1 488.7	−49 535.4	贡献
浙江	2019	—	2021	1 051.1	−114 977.8	贡献
安徽	2020	355.8	2023	293.3	−21 755.5	先受益后贡献
福建	—	—	—	—	3 284.2	贡献
江西	2020	319.1	2022	533.4	−19 680.8	受益
山东	2020	498.2	2022	426.7	−55 202.2	先贡献后受益
河南	2020	1 437.6	2020	71.5	−71 206.2	先受益后贡献
湖北	2020	1 103.9	2020	56.2	−53 958.2	受益
湖南	2020	506.1	2022	219.3	−28 512.6	受益

❶ 2020年城镇职工基本养老保险基金累计结余是在2019年累计数的基础上进行计算的。由于2019年累计结余的计算口径包含财政补贴、国企资本划拨与其他收入，而本章测算的收入仅局限于实际征缴收入与结余增值收入，故2020年后累计结余减少明显。在本章的范畴内如果不做其他说明，涉及基金累计结余的部分均适用此条件。

第五章 统筹层次对基本养老保险筹资结构的影响分析

(续表)

省（区、市）	首次当期结余赤字出现年份	首次当期结余赤字出现数额/亿元	首次累计赤字出现年份	首次累计赤字出现数额/亿元	2035年基金累计结余/亿元	为调剂金制度收益还是贡献
广东	2027	288.5	—	—	6 285.9	贡献
广西	2020	925.5	2020	147.6	−42 642.9	受益
海南	2020	45.4	2023	82.0	−5 174.9	贡献
重庆	2020	316.2	2022	260.5	−19 692.9	受益
四川	2020	678.5	2023	652.6	−46 163.2	受益
贵州	2021	65.7	2026	24.3	−5 272.6	贡献
云南	2020	181.3	2024	181.7	−8 688.5	贡献
西藏	2020	48.1	2022	9.3	−2 282.5	贡献
陕西	2020	310.8	2022	607.8	−23 487.7	贡献
甘肃	2020	615.4	2020	134.4	−27 392.7	受益
青海	2020	205.4	2020	167.2	−9 568.3	受益
宁夏	2020	83.5	2022	98.3	−5 845.4	受益
新疆	2020	504.2	2022	661.1	−27 353.5	受益

本章测算存在一个重要前提假设：劳动力在省（区、市）之间是无法流动的，即劳动力的流动只局限于地区内部城乡之间的流动。基于此假设，各省（区、市）的人口结构相对固定，但是这与实际中大量劳动力由中西部地区涌向东南沿海发达省（区、市）的现状是不符的。对此，在接下来的研究中将进一步完善。中央调剂金制度作为均衡基本养老保险筹资结构的调解制度具有"抽肥补瘦"的功能，各地区随着人口老龄化程度的不同，调剂金制度对各省市产生的实际影响也会发生变化。由表5-4可发现，在测度区间内，调剂金贡献省（区、市）依次为北京、上海、江苏、浙江、广东、海南、贵州、云南、西藏与陕西，先受益后贡献的省（区、市）为天津、安徽、河南，山东省为先贡献后受益，其余省（区、市）均为受益省（区、市）。从上解额来看，广东省上解额最大，北京、江苏、浙江相对次之，这4个省（区、市）贡献力度最大，总和达到调剂金总量的40%左右；就下拨

额而言，江苏总量最多，后面分别为四川、浙江与辽宁。江苏、浙江两省历年来经济增速与地区生产总值在全国各省中居于前列，也是外来劳动力较多的省（区、市）。北京、山东、上海、浙江、福建、广东几个省（区、市）市场化程度相对较高，劳动力充足，进而导致在岗职工人数较多，因此，随着上解比例的提升，上解金额不断增加。

由于本章假设劳动力在省（区、市）之间是无法流动的，因此江苏、浙江两省的劳动力年龄结构无法得到更新，但这同时也正说明了失去外来劳动力，部分发达省（区、市）将会面临严重的基金失衡状况，较高的养老金计发待遇水平与当地已经较为严重的人口老龄化程度会严重影响两省基本养老保险制度的发展。从当期结余赤字上来看，以2020年作为时间节点，除北京、福建、广东与贵州4个省（区、市）之外，其余省（区、市）就基本养老保险基金自身收入而言，均早已入不敷出。其中，辽宁省资金缺口最大，接下来分别为河南、河北与湖北（黑龙江与浙江两省早在2020年之前就已出现当期结余赤字，按照测算结果浙江省应居于首位）。这说明我国大部分地区均依赖政府对基本养老保险的兜底，现阶段收支失衡状况已十分严重。

从养老金累计结余赤字首次产生的年份来看，在测算时间节点2020年之前，河北、内蒙古、辽宁、黑龙江、吉林、河南、湖北、广西、甘肃与青海共10个省（区、市）在2020年当年甚至之前就已出现累计赤字，这也说明，一旦剔除其他补充收入，各地区养老保险基金自身平衡能力十分脆弱。而预计至2035年，除北京、福建与广东3个省（区、市），其余各省（区、市）养老金累计结余均出现不同程度的赤字。其中，北京预计至2035年累计结余总量最大，当期结余赤字出现得也较晚，作为调剂金制度的贡献省（区、市），其贡献能力相对充足；广东省是2019年累计结余最为充足的省（区、市），但由于其当期结余赤字在2027年就将出现，预计至2035年所剩累计结余也将被逐渐消耗殆尽；福建省是31个省（区、市）中基金自平衡能力最强的省（区、市），预计至2035年都未出现当期结余赤字，基金累计结余呈逐年增长态势。而从各省（区、市）在测算期的末端2035年的基金累计结余上看，浙江省累计缺口最大，接下来分别为辽宁、河南与黑龙江。

第三节 中央调剂金制度的优化方案与政策模拟

中央调剂金制度作为全国统筹的起点，可缓解困难地区基本养老保险基金收支平衡问题，调节全国养老金结余分布，均衡整体筹资结构，能够带来一系列的积极作用。基本养老保险全国统筹意味着实现基金的统收统支，即各省市的上解比例达到100%，下拨比例则根据各地区实际的基金支出需求进行统一的调配与拨付。因此，上解比例增长快慢决定着调剂金制度这一项过渡政策结束的时间与养老保险全国统筹能否真正实现。那么，如果加速养老保险全国统筹进程，进一步提升上解比例，能否优化中央调剂金制度，促进各地区的均衡性呢？下一部分在前文的基础上，将提出两种优化路径，并对该条件下各地区的养老基金予以模拟。

结合《国务院关于建立统一的企业职工基本养老保险制度的决定》与《国务院关于完善企业职工基本养老保险制度的决定》，结合基准情况下的假设，本章针对上解额的调整设计了两种路径：① 2020年基期调剂金上解额度为4%，此后每年增长5个百分点，直至2035年上解额度达到79%；② 2020年基期调剂金上解额度为4%，此后每年增长20个百分点，直至2025年，5年内上解额度达到100%，实现基本养老保险的全国统筹。这两种方案实现基本养老保险全国统筹所需时间周期分别为20年与5年，因此，设定方案一为渐进性的优化路径，方案二为激进式改革。

一、优化方案一：渐进式改革

表5-5显示了当中央调剂金上解比例每年按5个百分点增加，至2035年上升至79%时，对各省市的带来的实际影响。由于计算口径以及对基金自身收入外收入的剔除，多数地区基金累计结余在测算起始点2020年就已经出现赤字，因此对多数省市而言，首次当期结余赤字与首次累计赤字的时间及大小的变化并不明显。但对部分地区特别是贡献省（区、市）带来较大影响，其中变化最为显著的地区为北京、天津、浙江、广东4个省（区、市）。其中，北京首次当期结余赤字出现年份提前至2027年，且在2035年累计结余全部耗尽，出现负值；天津对应的时间节点与结余数量整体变化不

大，但对调剂金制度的受益程度由先受益后贡献，转变为只受益；浙江虽然基金状况在初始期就处于不佳的状况，随着上解比例的逐步加大，浙江作为贡献省的身份仍未发生变化，随着上解比例的提升，地区的状况逐渐恶化；广东省作为上解额最多的省（区、市），当期结余赤字出现年份提前，累计结余在2031年开始转为负值。虽然上解比例的提升对贡献省市带来了不同程度的影响，但对绝大多数地区而言，尤其是东北三省、西部经济相对落后省（区、市），上解比例的提升减轻了基础养老金的支出压力，通过养老保险制度内部的调剂均衡，为困难地区开拓了新的资金来源。通过对方案一进行模拟可以发现，加快上解比例的提升对于部分贡献省（区、市）而言会造成一定的不利影响，但却能缓解多数地区的基本养老保险的收支状况，缓解基金压力与地方财政压力。

表5-5 方案一：渐进式改革

省（区、市）	首次当期结余赤字出现年份	首次当期结余赤字出现数额/亿元	首次累计赤字出现年份	首次累计赤字出现数额/亿元	2035年基金累计结余/亿元	为受益省（区、市）还是贡献省（区、市）
北京	2027	160.2	2035	315.4	−315.4	贡献
天津	2020	334.5	2021	262.0	−22 691.5	受益
河北	2020	1 303.5	2020	366.2	−62 182.7	受益
山西	2020	631.7	2022	703.7	−27 494.4	受益
内蒙古	2020	726.4	2020	112.6	−29 760.3	受益
辽宁	2020	1 835.3	2020	1 522.5	−72 352.3	受益
吉林	2020	796.1	2020	279.2	−30 338.9	受益
黑龙江	2019	—	2019		−52 758.9	受益
上海	2020	687.6	2022	1 055.8	−63 248.6	贡献
江苏	2020	105.7	2025	1 767.7	−50 885.3	贡献
浙江	2019	—	2021	1 064.5	−117 193.1	贡献
安徽	2020	355.8	2023	246.1	−21 601.7	先受益后贡献
福建	2025	119.0	2032	172.4	−4 800.1	贡献

（续表）

省（区、市）	首次当期结余赤字出现年份	首次当期结余赤字出现数额/亿元	首次累计赤字出现年份	首次累计赤字出现数额/亿元	2035年基金累计结余/亿元	为受益省（区、市）还是贡献省（区、市）
江西	2020	319.1	2022	482.0	-17 326.9	受益
山东	2020	498.2	2022	446.6	-54 256.2	先贡献后受益
河南	2020	1 437.6	2020	71.5	-71 912.5	先受益后贡献
湖北	2020	1 103.9	2020	56.2	-49 152.4	受益
湖南	2020	506.1	2022	158.0	-26 542.5	受益
广东	2024	498.5	2031	738.7	-32 258.6	贡献
广西	2020	925.5	2020	147.6	-40 810.1	受益
海南	2020	45.4	2023	85.4	-4 728.7	贡献
重庆	2020	316.2	2022	197.7	-17 086.4	受益
四川	2020	678.5	2023	392.3	-39 910.4	受益
贵州	2021	73.0	2026	266.3	-7 872.0	贡献
云南	2020	181.3	2024	232.6	-11 761.7	贡献
西藏	2020	48.1	2022	14.9	-2 790.9	贡献
陕西	2020	310.8	2022	618.6	-24 239.5	贡献
甘肃	2020	615.4	2020	134.4	-25 368.5	受益
青海	2020	205.4	2020	167.2	-9 450.9	受益
宁夏	2020	83.5	2022	94.5	-5 444.6	受益
新疆	2020	504.2	2022	638.7	-25 123.4	受益

二、优化方案二：激进式改革

表5-6显示了上解比例每年提升20个百分点，预计至2025年上升至100%，实现养老保险全国统筹，对各省（区、市）带来的实际影响。由于在2025年就已经实现了基本养老保险的全国统筹，因此对方案二的测算区间缩减至2020—2025年。相对于基准上解比例每年提升5个百分点的情况而言，除部分省（区、市）当期收入与累计结余有所减少，大部分地区都得到一定

程度的改善，尤其是对东北三省与西部部分经济相对落后的省（区、市）。就贡献省（区、市），在方案一中影响明显的几个地区，在实现养老保险全国统筹之时，各地区财务状况相对良好。其中，北京市相比于方案一，当期结余赤字出现时间将再次提前。不过，在2025年实现基本养老保险全国统筹时，仍存有少量结余；广东省和北京市一样，当期结余赤字出现时间提前，但由于广东省累计结余相对充足，2025年仍将有部分累计结余；贵州省当期结余赤字出现时间提前至2025年，也留有少量节余。受益省（区、市）中，湖南、重庆与四川3个省（区、市）影响最为明显，其中湖南省与重庆市基金累进结余首次出现赤字时间推迟至2023年，四川省推迟至2024年。与此同时，各省市的贡献与受益身份更加固定，不再发生变化，安徽省由基准期与方案一中的先受益后贡献转变为只受益；天津市由基准期中的先受益后贡献转变为只受益；山东省由基准期与方案一中的先贡献后受益转变为只贡献；河南省由基准期与方案一中的先受益后贡献转变为只受益。

通过对方案二进行模拟可以发现，加快基本养老保险全国统筹的进程，在某种程度上对部分贡献省（区、市）而言会带来一定的不利影响，但由于这些地区累计结余相对充分，影响在可控范围，不会带来结余赤字，不会增加地方政府的财政压力。相比不利影响，加快统筹层次的提升能够取得更多的积极成效，缓解当前全国范围内大部分地区基础养老金收支压力，对整体筹资结构带来了部分优化效用，加强了养老保险制度的公平性、均衡性与共济性。

表5-6 方案二：激进式改革

省（区、市）	首次当期结余赤字出现年份	首次当期结余赤字出现数额/亿元	首次累计赤字出现年份	首次累计赤字出现数额/亿元	2025年基金累计结余/亿元	为受益省（区、市）还是贡献省（区、市）
北京	2023	385.2	—	—	6 795.8	贡献
天津	2020	334.5	2021	254.8	-3 427.5	受益
河北	2020	1 303.5	2020	366.2	-11 242.7	受益
山西	2020	631.7	2022	539.2	-3 543.2	受益
内蒙古	2020	726.4	2020	112.6	-4 818.1	受益

(续表)

省 （区、市）	首次当期 结余赤字 出现年份	首次当期结余 赤字出现数额 /亿元	首次累计 赤字出现 年份	首次累计 赤字出现 数额/亿元	2025年 基金累计 结余/亿元	为受益 省（区、市） 还是贡献 省（区、市）
辽宁	2020	1 835.3	2020	1 522.5	-12 139.6	受益
吉林	2020	796.1	2020	279.2	-4 537.4	受益
黑龙江	2019	—	2019	—	-9 389.7	受益
上海	2020	687.6	2022	976.4	-9 467.0	贡献
江苏	2020	105.7	2025	-2 682.7	-2 682.7	贡献
浙江	2019	—	2021	1 109.0	-19 501.0	贡献
安徽	2020	355.8	2023	88.6	-1 924.8	受益
福建	2022	41.9	—	—	305.5	贡献
江西	2020	319.1	2022	310.8	-1 871.9	受益
山东	2020	498.2	2022	513.0	-6 810.6	贡献
河南	2020	1 437.6	2020	71.5	-13 093.9	受益
湖北	2020	1 103.9	2020	56.2	-7 961.7	受益
湖南	2020	506.1	2023	701.2	-2 668.1	受益
广东	2022	706.9	—	—	6 694.7	贡献
广西	2020	925.5	2020	147.6	-7 428.9	受益
海南	2020	45.4	2023	97.0	-522.8	贡献
重庆	2020	316.2	2023	387.2	-1 424.7	受益
四川	2020	678.5	2024	689.8	-2 133.6	受益
贵州	2021	97.6	2025	466.8	-466.8	贡献
云南	2020	181.3	2024	402.0	-1 126.5	贡献
西藏	2020	48.1	2022	33.9	-461.7	贡献
陕西	2020	310.8	2022	654.6	-3 624.8	贡献
甘肃	2020	615.4	2020	134.4	-4 613.8	受益
青海	2020	205.4	2020	167.2	-1 889.4	受益
宁夏	2020	83.5	2022	81.9	-690.5	受益
新疆	2020	504.2	2022	564.1	-3 473.3	受益

三、主要结论与分析

中央调剂金制度能够部分缓解基本养老保险制度在地区间存在的发展不均衡矛盾,同时实现对整体筹资结构的优化。在现阶段,我国大部分地区面临基金收支压力较大、自平衡能力不足的困境,而实施调剂金制度作为养老保险全国统筹的第一步,应该如何调整与优化,在上文均已给出了一定的解答。结合征缴体制改革与最新的降费政策,以城镇职工基本养老保险统筹账户作为研究对象,通过精算模型等一系列工具,通过政策模拟可以发现,中央调剂金制度对地方养老保险基金状况确实存在一定的改善作用,在该制度能够真正落实落地的前提下,将能较为明显地从全局出发,均衡各省(区、市)的筹资收入,均摊基金支出压力,尤其是对经济落后、人口老龄化严重的省(区、市)能够带来较大帮助。与此同时,不可能避免的是,可能会面临由此所产生的负激励问题。部分贡献省(区、市)可能会认为自己努力征收的基金会上解到中央,吃力不讨好,索性放松了基金的征收管理,采取"藏富于企的行为"。由于调剂金制度本质上具有的"抽肥补瘦"的职能,虽然上解与拨付是按统一占比与标准进行的,但地区上解总量很大程度上取决于当地经济的发展水平与工资水平,进而导致经济发达的省(区、市)作为基础养老金调剂的输出方,自身利益受到了影响。特别是当中央调剂制度上解比例逐步提高之后,由于做贡献的发达省(区、市)基金收入偏多,对应的上解额度也会更多,这可能会对结余较多省(区、市)加强基金征缴和严格基金支出管理的积极性带来明显影响。如果部分发达地区失去劳动力红利,在调剂金上解不断提升的进程中可能会面临基金更大的失衡风险。在对各主体均不产生额外负担的前提下,通过提升养老保险统筹层次,可以实现养老保险责任、权利、义务在不同级政府间的重新调整和分配,进而均衡地区间的养老保险支出压力,改善养老保险基金在地区间的收入分配状况,增强养老保险财务可持续性和风险可控性。但由于贡献省(区、市)自身存在收支压力,随着上解额的提升,很容易产生负激励。因此,中央调剂金制度的推进应与征缴体制变迁携手进行,逐步建立统一的征管方案以及对应的监督与考核机制,对地方予以约束,按质按量落实上解额。与此同时,随着中央调剂金制度的上解额度的不断提升，不同层级政府间对于基础养老金的事权与支出责任分配应该更加合理，具体应在中央调剂金与财政补贴对地方收支平衡的实际影响上得到体现。由于中央调剂金与财政补贴存在本质差异，调剂金制度基于基金自平衡能力的范畴予以分配调剂，是对基本养老保险筹资进行的结构性调整，而财政补贴属于基金自身体系外的助力，因此，由于性质存在差异，对于二者的资金流向与留存应该合理分割、专款专用，不得挪用与留存，须建立资金内部审查监督机制。

此外，尽管中央提出推行中央调剂金制度，并逐步过渡到全国统筹，但是实质上各养老保险省级统筹单位依旧相互独立，分割与隔离的状态没有得到实质性的改变，无法形成彼此共济、相互分担的社会效应，且伴随我国老龄化程度的逐渐加深，其引致的财政风险也将不断累积，最终对经济运行与社会稳定形成限制。结合本章两条路径的模拟结果，相比而言，尽快实现基本养老保险的全国统筹能够使贡献省（区、市）在全国统筹实现时当期面临更小的压力，减少负激励的产生与其负面影响。因此，尽快推出基础养老金全国统筹，有助于全面提升社会养老保险基金的统筹能力与效率，缓解巨额中央财政补贴所引致的资金压力。

第六章　基本费率对基本养老保险筹资水平的影响分析

我国基本养老保险费率一直都是政府、企业和个人所关注的焦点。对于政府而言，由于其对基本养老保险存在兜底责任，费率水平决定政府在基本养老保险制度中的责任权重，进而影响国家财政支出结构与财政压力；对企业而言，基本养老保险费率是影响其用工成本的重要因素，决定企业压力与生存环境；对个人而言，基本费率水平能够决定养老保险替代率，影响在职参保职工的收入水平。目前，我国基本养老保险费率的调整面临两难困境：一方面，企业面临的整体税费负担过重，亟须减税降费，释放企业压力；另一方面，随着人口老龄化加剧、经济增速放缓、外部形势紧张等一系列负面影响，费率政策的推进面临不小的阻力。因此，对基本养老保险费率的调整需综合考虑，而在本章的范围内，主要考虑费率水平对基本养老保险筹资层面的影响，即从筹资水平与基金收入的角度进行切入。

第一节　基本费率对筹资水平的影响分析及指标选取

学者陈曦通过研究认为，养老保险费率水平的降低能够有助于提升养老保险制度的覆盖率、企业与个人的缴费遵从及职工的工资水平，在当时的经济环境与制度背景下能够实现基金收入的短期增长，但长期来看，会增加未来养老金的收支缺口[110]。基于此研究成果，整体而言，基本养老保险费率的实际影响，基于福利的角度，可以从图6-1中得以显现。

第六章 基本费率对基本养老保险筹资水平的影响分析

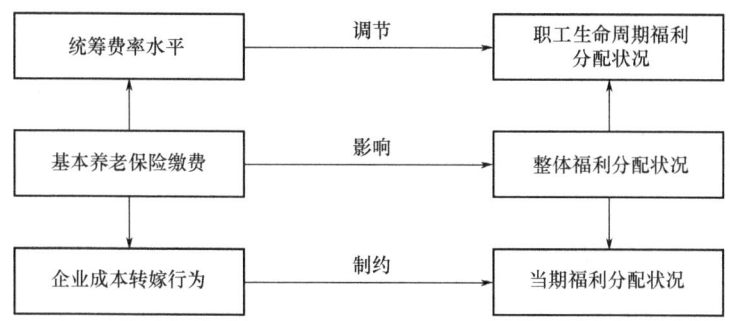

图 6-1 基本养老保险费率与福利分配的逻辑关系

一、基本费率对就业与参保者收入影响

基本养老保险费率水平能够调节参保人员当期收入,影响企业用工成本,因此,费率变化对劳动力就业所产生的影响能够对劳动力需求与供给两方面都带来实际变化。现阶段,我国基本养老保险费率受减税降费政策环境影响,有进一步下降的可能,其制度目标是促进整体就业水平,减轻企业压力。基本养老保险费在企业整体税费负担中占有较大比重,费率水平决定用工成本,进而影响参保者的工资水平。同时,根据凯恩斯工资理论,对劳动力市场而言,费率降低带来的用工成本的变化将影响整体的劳动力需求,即费率水平下降,工资水平将会降低,进而增加对劳动力的总需求。养老保险费率水平的调整属于财政政策重要的调节手段,较低的费率水平将有助于增加整体就业水平,助推经济发展。

目前,我国基本养老保险费率经过几次下调,虽已降至统筹部分费率16%、个人账户部分费率8%、整体费率24%的水平,但仍处于较高水平。人社部社保中心公布的相关数据显示,我国单位和个人缴纳5项社会保险费率之和接近40%,通过对世界173个国家与地区社会保险费率进行对比,这一比例超过了大多数国家。其主要原因为,在我国目前5项社会保险费率中基本养老保险费率偏高,其他4项社会保险费率之和在12%左右,在世界各国中只处于中等偏上水平。因此,降低基本养老保险费率能够提升就业,在短期能为基金筹资带来积极影响。

二、基本费率对制度覆盖率影响

国家统计局相关数据显示，2008—2018年，我国城镇职工基本养老保险参保率总体稳定提升，其中2018年城镇职工基本养老保险参与率达到69.3%，较上年提升0.4个百分点，距离制度的全覆盖还有很大的差距。其原因在于：①个体的短视行为，即企业为了降低自身成本，有意不缴、少缴职工的基本养老保险，而个人为在当期为获得更多的工资收入选择不参保；②在我国养老保险制度的发展轨迹中基本费率一直保持在较高水平，加重了企业实际的经营成本，外加社保经办机构征管工作力度不足，进而形成了企业对缴费行为的长期不遵从。

现阶段，随着降费政策的逐步深入，企业的基本养老保险缴费费率"最低可降至16%"。费率水平的降低间接提高了企业对基本养老保险的征缴率，使更多的企业有能力参与基本养老保险，进而扩大养老保险的覆盖面，扩大养老金整体筹资水平。

三、基本费率对基金当期结余影响

经相关学者研究，基本养老保险费率的下调可能在短期内带来基金收入的增长，但费率降低也会直接影响替代率，带来部分不利影响。由前文可知，基本养老保险费率调整带来的基金整体筹资水平的提升是有限的，而且由于我国基本养老金的给付标准并不是以收定支，因此从长期来看，降费对基金自平衡能力有削弱的效果。其原因主要来自以下两方面：①基本养老保险费率的降低导致覆盖率的提升，带来了短时基本收入的增长，但这也同时意味着在基础养老金的给付环节需对这部分新加入的劳动力给予支付，这将面临更多的养老金支出；②为了保障老年人的基本生活，增进社会福利，全民共享经济成效，我国每年都在上调基础养老金待遇水平。为了保持制度的稳定性且使福利水平具有刚性，待遇水平将继续保持缓步提升的态势，因此，这加剧了未来基础养老金的给付压力。

根据拉弗曲线可知，高税率并不等价于高税收收入，该理论同样适用于基本养老保险费率。拉弗曲线解释了高税率并不一定等价于高税收收入，不同的税率可能带来相同的收入，同时存在一个相对的最优税率。税率的提升会增加税收收入但也会降低个体劳动的积极性，从而降低作为税基的工资总量，进而减少税收收入。因此，存在一个与税收收入最大化对应的最优税率。用拉弗曲线同样可以解释基本养老保险费率与缴费收入之间的关系。当基本养老费率过高时，企业难以承受过高的用工成本，漏缴、不缴行为开始增多，缴费实际收入开始减少。考虑到社会保险政策力度对个人与企业行为的综合影响，这会产生较为严重的道德风险问题。例如，在社保征缴的实践中就出现过部分地方政府公开将养老保险最低缴费基数由原本已确定的为当地社会平均工资的60%改为40%，变相降低实际费率。

从当前形势的变化来看，我国基本养老保险费率经过几轮下调，陷入了左右为难的困境：一方面，由于我国经济增速的放缓、不利的外部环境及疫情的影响，国内企业生存空间不断缩减，为恢复市场活力、减轻企业压力，需要通过进一步的降费政策去降低企业压力，降低企业运营成本；另一方面，随着我国人口老龄化程度不断加剧，制度赡养率与基础养老支付压力不断增加，仅依靠基金自身平衡能力已经无力承担，进而转嫁至政府财政之上。从基金自平衡的角度来讲，过高的基本养老保险费率会增加企业用工成本，降低参保者当期收入，降低替代率，不利于市场经济的发展，同时加大了企业少缴、不缴的机会成本。过低的基本养老保险费率会使基金征缴收入大幅降低，降低基金自平衡能力，无法应对日益增长的基金收入以及可能产生的养老风险，无法实现社会保险制度的保障职能。因此，基本养老保险费率整体水平的调整需综合考虑基金自平衡能力，对筹资层面的优化不应只追求总量上的提升，而应考虑相对于基金收入而言的相对收入。基于此，在当前环境下，我国面临基金支出需求不断扩大，以及为释放市场压力需进一步深化降费政策的双重困境。因此，本章研究基本养老保险费率与基金结余之间的关系，进而对于基本养老保险筹资优化提供参考方向。

下文以城镇职工基本养老保险为例，选取我国31个省（区、市）2001—2015年省级面板数据，通过理论构建实证模型分析费率水平对城镇职工基本养老保险收支当期结余的影响，旨在为优化基本养老保险筹资路径中的调整养老保险费率提供决定咨询和参考。进行基本养老保险筹资水平研究，不应仅从收入端的绝对数量进行评价，还应以收支自平衡为起点，结合支出端，以相对增量作为研究目标，进而能够评估与分析费率水平对筹资水平的实际影响。基于此，本书选取基本养老金当期结余即基金收入与基金支出差额作为被解释变量，进行实证研究。

第二节　基本费率水平养老金当期结余影响的实证分析

一、研究模型的设定

由于目前我国地区间基本养老保险制度发展不均衡，整体呈现碎片式的发展布局，因此，各省（区、市）基本养老保险在名义费率、缴费基数及实际费率等方面均存在较大差异。此外，能够影响当期结余的因素与变量除了费率水平之外，还有制度赡养率、人口比例、参保率、城镇化率、地区生产总值、产业结构布局等因素，这些均可能对基金收支平衡带来影响。因此，在参考王国洪等相关研究的基础上[111]，构建实证模型如下：

$$Y_{it} = \alpha_o + \alpha_1 \text{NOMR}_{it} + \alpha_2 \text{ACTR}_{it} + \alpha_3 \text{COVR}_{it} + \alpha_4 \text{OLDDR}_{it} + \beta X_{it} + \varepsilon_{it} \quad (6\text{-}1)$$

其中，Y_{it}表示第i个省（区、市）、第t年城镇职工养老保险基金当期结余，即同期城镇职工养老保险基金收入与基金支出的差值。本章对于城镇职工养老保险基金收入的界定包含3部分，即基金征缴收入、财政补贴与基金累计结余增值收益。NOMR_{it}表示各地区城镇职工养老保险的名义费率，ACTR_{it}为职工养老保险实际费率（实际征缴收入除以应费基），COVR_{it}为制度参保率（参保人数除以地区常住人口数），OLDDR_{it}为制度赡养率（参保退休职工人数除以参保总人数），X_{it}表示对应的控制变量，具体为人口流动、对外开放程度、经济发展水平、产业结构、市场化程度和城市化率，ε_{it} 为服从正态分布的随机扰动项。

二、数据来源

本书所使用的数据中，城镇职工养老保险基金征缴收入来源于历年《中国养老金发展报告》《中国统计年鉴》，各地区对应的统计年鉴，人社部发布的历年《人力资源与社会保障事业发展公报》和各省（区、市）历年财政决算报告。由于各地区养老基金征缴收入数据仅更新至2015年，同时，由于本书需使用广义最小二乘法，而使用该方法的前提为：必须使用平衡面板数据，所以，样本总量选取31个省（区、市）2011—2015年数据。本书的被解释变量为基金当期结余，用城镇职工养老保险基金收入与支出差额表示，若结余为正值，对应数额越大表明结余数量越大，相对筹资水平越高，若结余为负值，则数额越大表明养老金缺口越大，相对筹资水平越低。

近年来，我国城镇职工养老保险基金整体运行良好，人社部公布数据显示，截至2019年年末，全国城镇职工基本养老保险参保人数达到43 488万人，其中，在职人数为31 177万，退休人数为12 310万人。对应的基金收入为52 919亿元，支出为49 228亿元，累计结余达到54 623亿元。基于前文可知，养老保险费率存在两种形式：名义费率与实际费率。其中，名义费率又被称为政策费率，是由政府制定的法定费率，由于养老保险费在实际征缴过程中会出现少缴、不缴等一系列缴费不遵从行为，进而导致实际费率与名义费率存在一定的差距，实际费率＝养老保险费的实际征缴收入/应缴费基数。为了计算方便，本章部分变量在原有单位的基础上进行了单位变换，目的是缩小变量对应系数。例如，基金平衡由万元为单位除以10 000变为亿为单位，人口流动由万为单位变为亿为单位，产业结构用二、三产业之和表示，开放程度为了与第5章保持一致，所有指标为进出口总额占GDP的比例，产业结构用二、三产业产值占GDP的比例表示。各变量的描述性统计结果见表6-1。

表6-1 主要变量的描述性统计

变量名	样本量	最小值	最大值	平均值	标准差
基金当期结余	155	−192.427	1 088.145	128.097	179.792
养老保险名义费率	155	0.220	0.290	0.275	0.015
养老保险名义费率平方	155	0.049	0.084	0.076	0.008
养老保险实际费率	155	6.4%	22.0%	11.4%	3.0%
制度参保率	155	3.7%	65.6%	23.7%	13.4%
制度赡养率	155	0.093	0.421	0.280	0.067
人口流动	155	−1 736.986	1 958.111	−40.075	626.437
ln(GDP)	155	24.827	29.616	27.982	0.974
对外开放程度	155	0.036	1.558	0.305	0.350
市场化程度	155	0.013	0.715	0.112	0.121
产业结构	155	73.868	99.563	89.788	5.047
城市化率	155	0.227	0.896	0.544	0.137

三、费率水平对基金收支平衡的影响：基于总体样本的实证分析

（一）对数据进行的相关检验

在参数估计前，为检验本章所涉及数据是否存在组间异方差性与组内自相关性，本书作者依次通过 LM 检验法与 Wald 检验法对数据进行检验。

1. 异方差检验

（1）当主要解释变量是名义费率及名义费率的平方时，残差和拟合值的关系如图6-2所示。

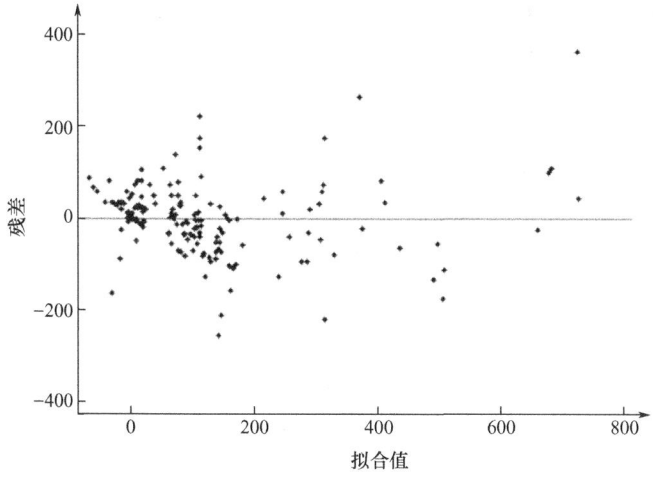

图 6-2 名义费率残差和拟合值的关系

（2）当主要解释变量是实际费率及实际费率的平方时，残差和拟合值的关系如图 6-3 所示。

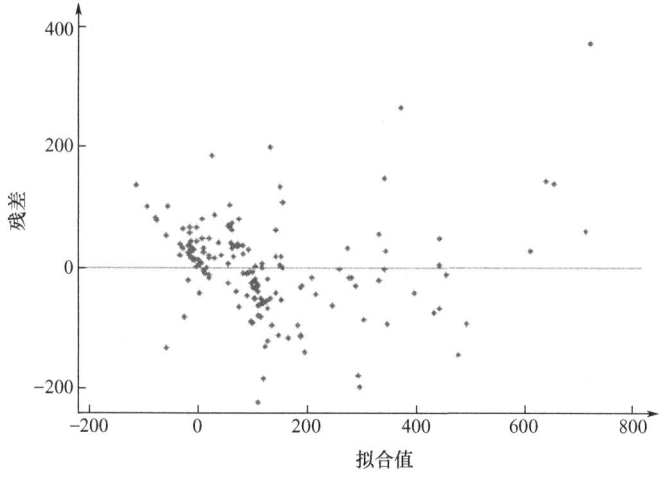

图 6-3 实际费率残差和拟合值的关系

同方差时，残差应该在 0 周围呈条带状分布，而从图 6-1 与图 6-2 中可以看出，不论解释变量是名义费率还是实际费率，残差都呈分散状分布，说明存在异方差。

2. 组内自相关性检验

F 检验：即回归形成的残差，对滞后一期进行回归，若显著，则表示存在自相关，若不显著，则表示不存在自相关。若存在高阶自相关时，滞后多期的系数显著。结果见表 6-2。

表 6-2 F 检验对应参数结果

变量	（1）	（2）	（3）	（4）
费率	名义费率		实际费率	
L.e1	0.808 *** （0.075）	0.928 *** （0.144）	0.765 *** （0.073）	0.854 *** （0.140）
L2.e1	—	0.057 （0.136）	—	0.064 （0.131）
常数项	−2.226 （5.226）	−5.920 （6.244）	−6.478 （5.214）	−9.092 （6.378）
样本量	124	93	124	93
R2	0.489	0.541	0.473	0.516

注：括号中为标准误，***、**、* 分别表示在 1%、5% 和 10% 的显著性水平上显著。

（二）实证结果与分析

由表可以看出，数据间存在一阶自相关。因此，为实现对组内自相关与组间导方差的修正，本章选取了可行广义最小二乘法（FGLS）进行参数估计。具体的估计结果呈现在表 6-3 中。根据实证结果可以发现，就城镇职工养老保险而言，其名义费率水平对基金当期结余带来显著的负面影响，而名义费率的平方对其影响显著为正，这表明名义费率与基金当期结余之间存在倒 U 形的关系。这同时表明，在实证时间区间内，我国城镇职工养老保险名义费率总体处于偏高水平。较高的名义费率水平会影响企业的劳动力成本，尤其对劳动密集型企业会带来不利影响，同时会减少参保者当期可支配收入，挤出当期消费，进而诱致产生与用人单位的合谋，出现缴费不遵从行为，导致养老保险费的不缴与少缴。

第六章　基本费率对基本养老保险筹资水平的影响分析

表 6-3　城镇职工养老保险费率对基金收支平衡的影响

自变量	(1)	(2)	(3)	(4)
养老保险名义费率	-41 686.122 ** (18 188.985)	-56 164.232 *** (19 742.857)	—	—
名义费率平方	75 270.001 ** (35 579.005)	112 083.236 *** (38 192.568)	—	—
养老保险实际费率	—	—	6 208.513 *** (1 275.461)	3 462.605 *** (1 152.933)
实际费率平方	—	—	-22 343.794 *** (5 338.207)	-11 503.876 ** (4 699.237)
人口流动	0.037 *** (0.013)	0.057 *** (0.017)	0.103 *** (0.017)	0.039 ** (0.016)
ln(GDP)	71.239 *** (10.967)	70.813 *** (6.787)	130.477 *** (9.656)	79.694 *** (8.778)
产业结构	3.653 * (2.181)	4.448 *** (0.862)	5.556 *** (1.984)	3.252 *** (1.046)
市场化程度	111.910 (120.795)	-279.669 ** (111.825)	430.433 *** (104.709)	262.557 ** (127.861)

（续表）

自变量	(1)	(2)	(3)	(4)
城市化率	-473.791*** (99.892)	-797.966*** (129.858)	-890.695*** (84.861)	-714.609*** (152.485)
开放程度	125.064*** (31.783)	-7.553 (24.765)	121.591*** (37.088)	-94.315** (39.124)
制度参保率	—	800.981*** (114.370)	—	645.943*** (180.908)
制度赡养率	—	-961.652*** (92.139)	—	-724.073*** (111.013)
常数项	3 763.455* (2 287.284)	5 230.438** (2 523.953)	-3 986.510*** (298.448)	-2 177.594*** (232.463)
样本量	155	155	155	155
Wald chi2	227.79	626.31	918	275.1

注：***、**、*分别表示通过了1%、5%、10%的显著性水平检验，括号内为对应的标准差（下同）。

第六章 基本费率对基本养老保险筹资水平的影响分析

我国基本养老保险制度最开始是由省级政府建立与推进的，这导致随着制度的发展，我国城镇职工养老保险制度存在较大的地区差异，同时，由于基础养老金属于社保金之一，其本质属性要求对其要专款专用，不得随意挪用，相应的监管十分严格，因此，地方政府缺乏提升筹资水平的相应激励，加之对积累养老保险基金前瞻性不足，地方政府的工作目标主要为保障基金能够实现当期的收支平衡。基于以上背景，随着我国市场经济的发展与劳动力的区域间的流动，地区间劳动力水平发生了变化，外来年轻劳动力涌入的地区基金当期结余会更多，为了进一步刺激地方经济的发展，这些经济领先的地区会逐步下调名义费率或降低征缴强度，以期于获得更多的经济收益。而劳动力流出的地区，基金支出压力会逐渐加大，为加强基金当期的收支平衡能力，这些地区会通过提高名义费率与严征管增加基金当期收入。随着优质劳动力逐步向营商环境好的地区转移，地区间基本养老保险制度的发展将会出现两极分化的现象。为加强地区间基本养老保险筹资水平的一致性，减少地区间的差异与矛盾，统一基本养老保险费率，2019年上半年印发的《降低社会保险费率综合方案》提出，各省（区、市）养老保险单位缴费比例高于16%的，可降至16%，低于16%的，要研究出过渡办法。基本费率的统一不仅降低了绝大多数地区的缴费压力，还促进了地区间缴费负担的公平性。由于数据的不完整，未能通过实证证明最新的降费政策所能带来的实际影响，这也是本书的遗憾。

在养老保险基本理论中，征缴收入等于缴费人数、缴费基数与实际费率的乘积。在其他条件不变的前提下，实际费率的增加能够提升当期征缴收入，促进当期基金结余的积累。然而，就如同税收中的税率水平变化一样，当养老保险基本费率的增长超过临界值，过高的费率水平将会对经济与劳动力市场带来消极影响，进而导致缴费人数下降及缴费基数总量减少。结合实证结果与当前实际状况可以发现，与名义费率相反，实际费率对基金当期结余带来显著的正向影响，实际费率的平方对其带来负面影响，实际费率与基金当期结余两变量之间存在的关系呈倒U形。这表明当实际费率提升时，能够带来基金当期结余的增长，对应增速先增后减。同时，结合各地区数据来看，实际费率相对较低的省（区、市），基金结余对应的也就越多，而实际费率相对偏高的省（区、市），基金结余对应也就越少。以2018年的数据为例，虽未能加入实证模型中进行分析，但已有数据显示，山东、广东与四川等基金结余相对较好的省（区、市），实际费率依次为9.7%、12.1%与9.1%，普遍低于全国平均水平。杨翠迎等学者通过建立评价指标对2015年各省基本养老保险费率予以评价，通过研究认为，所有省（区、市）均存在缴费不实，其中除浙江与广东，其余省（区、市）基本养老保险名义费率均超过了25%，且各省（区、市）养老保险实际费率波动性较大，广东等沿海经济发达省（区、市）实际费率水平相对较低，而以黑龙江为代表的东北三省等省（区、市）实际费率则相对较高。

近年来，随着人口老龄化的不断加剧，劳动力人数占人口总量的比例逐步降低，"二胎"政策虽已施行，但短期内难以取得实质性的成效，基本养老保险制度赡养率呈逐步增长态势。从回归结果可知，制度参保率这一项指标对基金当期结余能够带来显著的正向影响，这说明参保率水平越高，基金的当期结余也对应越多。基本养老保险本质上具有保险的基本属性，其建立的初衷在于提升居民的互助共济，分散参保者退休后可能面临的养老风险。而根据大数法则，参保人数量影响保险制度的共济性，参保人数越多，对应的共济性也就越强，基金结余状况越好，基金自平衡能力也相应更强。由于目前我国基本养老保险的筹资模式本质上仍为现收现付制，因而导致了制度赡养率指标对基金当期结余产生显著的负向影响。较高的制度赡养率意味着将面临较重的基金支出压力，给当地的企业与地方政府带来负担与压力。本书的制度赡养率用退休参保职工人数与总参保职工人数的比值来表示，制度赡养率水平的高低衡量了地区基金支出的总数量，水平越高对应的支出负担也就越重。我国职工基本养老保险制度赡养率近年一直呈逐年递增态势，由2011年的31.65%上升至2017年的37.67%，直至2019年达到39.48%。2019年全年，城镇职工基本养老保险基金收入与支出分别为52 919亿元与49 228亿元。基金收入当期虽略有结余，但剔除财政补贴，基金自身收入水平早已不足以支撑当期支出。而且，不同省（区、市）的养老保险制度赡养率差异化明显。以2019年各省制度赡养率为例，其中最低的3个省（区、市）为广东、北京与福建，对应的赡养率依次为14.5%、17.3%与17.5%，制度赡养率最高的 3 个省（区、市）及其对应的赡养率水平依次为黑龙江 44%、吉林 42.6%、辽宁 40.3%，同时，在当期对应的基金缺口分别为 309.3 亿元、120.8 亿元与 463.5 亿元。由于人口老龄化短期不可逆，未来我国城镇职工基本养老保险的制度赡养率有进一步提升的可能。因此，需要一系列的政策手段帮助基本养老保险制度度过这一难关。

本章的另一控制变量市场程度化用私企就业人数与户籍人数的比值来衡量，比值越高说明该省（区、市）对应的经济发展越好，市场化程度也就越高。以 2018 年数据为例，上海、北京、浙江与江苏 4 个省（区、市）市场化程度相对较高，而黑龙江、四川、宁夏与河北相对较低。根据实证结果，市场化程度对应的相关系数为正，这说明其对基金当期结余产生正面影响。其原因主要在于，市场化程度的提升有利于增加缴费人数，进而获得更多的征缴收入，同时，市场化程度较高的地区，当地经济发展水平相对较高，地方政府能够更好地应对由于人口老龄化带来的收支压力，提供更充足的财政补贴，以补贴的形式补充基金收入，进而提升基金当期结余的增加。同时，对外开放程度这一指标对于基金当期结余的影响也显著为正。这与经济全球化给地方经济带来的强大促进作用有关，往往开放程度越高的地区，如沿海部分省（区、市），当地经济水平与工资水平都会高于平均水平，在具有更加充足的费基的同时，能够吸引外来优质劳动力，促进基金当期结余的增长。

城市化率这一指标主要反映农村人口与城市人口之间的相互流动。农村劳动力进入城市参加就业，增加了城市人口的就业总量，提升了在职参保人数的总量，进而增加缴费人数，降低制度赡养压力，促进基金当期结余的增长。但实证结果显示，城市化率对应的系数为负值，这说明对基金当期结余的影响为反向。通过参考相关文献得知，在城市化的进程中，存在一种"被动城市化"的现象，其原因主要在于农村土地城市化，即农村居民被动完成向城市居民的转变。对于这部分人群的社保变更问题，地方政府通常会采取一次性补缴的方式实现其转变。而一次性补缴所获得的基金收入与养老保险支出存在严重的不匹配，这不利于当期结余的增长。此外，由于基本养老保险制度具有地域性，多数农民工并未参加社会保险。这两种因素的叠加能够部分解释实证结果为何为负。

第三节　基本费率影响筹资水平的主要结论及判断

在系统分析基本养老保险费率变化所产生的实际影响并对我国养老保险名义费率与实际费率进行判断与估计的基础上，本章选取我国31个省级面板数据作为样本，结合相关理论，构建了经济学模型，并结合实证研究，分析了在城镇职工养老保险制度中，基本费率对基金当期结余所产生的影响，具体结论如下。

（1）我国城镇职工养老保险名义费率在企业缴费费率统一调整为16%之前，费率相对水平较高，与养老基金当期结余的增长存在显著的反向影响。在先前费率水平下，降低城镇职工养老保险名义费率会带来基金当期结余的增加，提升基金自平衡能力，且并不会导致基金的收不抵支。由于制度发展、地方政府保护政策等一系列因素，在我国城镇职工养老保险制度中出现了大量企业与个人的缴费不遵从，各地区均存在不同程度的漏缴、少缴与欠缴现象，这不但影响基金的自平衡能力与可持续性，更为重要的是影响了基本养老保险制度的公平性。

（2）在城镇职工养老保险制度中，实际费率与基金当期结余之间存在倒U形关系，养老保险基金结余数量随着费率水平的下降，呈现先增加后减少的态势。

结合现实状况来看，在企业缴费费率统一为16%之前，我国东、中、西部养老保险实际费率存在较大差异，这加剧了地区间制度发展的不平衡，严重影响了制度的公平性。实证结果结合当前现状来看，养老保险实际费率对于基金当期结余的正向作用，对于不同地区，其影响机理存在一定差异：东部沿海发达省（区、市）市场化与对外开放程度较高，具有许多有实力的企业，构成了优质费源，外加当地实际费率水平普遍低于平均水平，提升费率水平能够带来基金当期结余的增长；西部地区由于市场化与开放性不足，机关、事业单位及国企职工在总参保人员中占较大比例，此类用人单位往往具备较好的缴费遵从度，相关个体对费率水平的变化不敏感。地区之间存在差异化的费率水平，一方面无法实现地区间的共济性与制度公平性，另一方面会加重地区间发展的不均衡。基于此，结合现阶段的费率调整政策，首先

第六章　基本费率对基本养老保险筹资水平的影响分析

需落实当前降费政策,企业缴费费率全国各地区统一调整过渡至16%,为基本养老保险的全国统筹创造条件,提升地区间的公平性。其次,征缴体制改革的推进,能够提升征缴能力,缩小名义费率与实际费率之间的差距,提升用人单位缴费遵从度,提升企业间的公平性。

(3)本章通过实证分析证明了对基本养老保险基金当期结余具有显著影响的一系列相关变量,包括养老保险实际费率与名义费率、制度覆盖率、制度赡养率、人口流动、城镇化率等。其中,实际费率、名义费率的平方、地区经济发展水平、地区产业结构、地区市场化程度、参保率对基金当期结余的影响显著为正;名义费率、实际费率的平方、城市化率、制度赡养率对基金当期结余的影响显著为负。实际费率与名义费率分别和基金当期结余之间构成倒U形曲线,实际费率处于曲线的上升段、名义费率处于曲线的下降段,这表明名义费率在28%水平上,仍有一定的降费空间,而实际费率则能够进一步提升。当前我国基本养老保险单位缴费名义费率已经降至16%,但实际费率现阶段处于何等水平尚不明朗。郑秉文对企业缴费水平在基准条件16%与假设条件18%和14%进行了相应的模拟,当费率上升至18%时,并不能改变单位性质参保贡献的降低,对于可支付月数也只能带来量的变化而无质的变化,当企业缴费率降至14%时,会加速单位性质参保的贡献水平,加大对财政补贴的依赖程度,造成更大的未来赤字[100]。

2020年,疫情对经济发展与养老保险制度的可持续都带来巨大冲击。为应对疫情所产生的不利影响,当前制度环境更加宽松,阶段性的社保减免政策进一步扩大了部分地区的基金缺口。结合上文研究结论与现阶段社会、经济与制度环境,本书作者认为,保持当前名义费率、提升实际费率是增进整体筹资水平的关键。名义费率保持较低水平能够激发市场活力、刺激就业水平与调节社会平均工资,为当前经济的复苏提供动力。同时,结合征缴体制改革对筹资能力的加强,能够增加社保费的征缴收入,加大基本养老保险实际费率,进而提升养老保险基金自平衡能力。因此,这两项制度改革之间的相互影响将有助于提升基本养老保险整体筹资水平,是对基本养老保险整体制度进行的优化与调整,能够促进制度的良性运行,提升制度的可持续性。

第七章　我国基本养老保险筹资机制优化路径与政策模拟

前文探寻了影响我国基本养老保险筹资机制的重要因素,基于此,本章将结合基金自平衡能力分析我国基本养老保险筹资机制优化的可行路径,并通过相应的测算去模拟政策的实际运行效果。

第一节　养老保险筹资机制优化方向与路径选择

一、养老保险筹资机制优化目标与方向

(一)养老保险筹资机制优化目标

筹资机制优化的目标应为追求科学合理性与相对稳定性。其中,科学合理性主要体现在要坚持"广覆盖、保基本、可持续"的基本养老保险制度原则,即筹资渠道多样化,模式与结构应充分结合国情,筹资水平需考虑社会与经济发展水平且适应筹资各主体的实际承受压力,同时匹配实际待遇水平;相对稳定性要求基本养老保险制度稳定,具有可持续性,责任明确,制度结构完整,有合理的机制保障其稳定运行。由于我国基本养老保险权责不明晰,政府对基本养老金支出存在无限"兜底"的责任,随着人口老龄化的不断加剧,为应对基础养老金支付缺口,国有企业资本划转等一系列筹资形式开始涌现,这些养老保险制度外的筹资形式是不利于养老保险制度自身的良性发展的,因此,基本养老保险筹资机制的优化需以养老保险制度的筹资行为作为重点优化对象,加强基金的自平衡能力,实现基金自身的自给自足,这样既能降低政府对市场的干预,优化市场环境,又能加强基本养老保险制度的可持续性。

图 7-1 中所示的我国基本养老保险筹资流程中,筹资来源可以主要分为

两类：基本养老保险制度内筹资与制度外补充筹资。其中，制度内筹资主要包括征缴征收入与基金增值收入，制度外的补充筹资主要以政府财政补贴为主，还包括国有企业划转等若干形式作为补充。补充筹资是筹资机制中的重要组成部分，能够加强筹集机制的抗风险能力，扩宽筹资渠道，填补基本养老保险制度改革历程中所产生的制度转轨成本，为制度的优化与改革提供动力。但基本养老保险制度"广覆盖、保基本、可持续"的本质属性要求筹资来源应更加偏向于养老保险制度内部的筹资能力，即筹集机制的优化需以基金自平衡能力为基础，以此为目标，去探寻筹资机制的优化路径。

（二）养老保险筹资机制优化方向

结合企业筹资机制原理，本章在图 7-1 中展示了基本养老保险筹资流程，其中筹资机制主要被划分为筹资决策、筹资执行与筹资风险管理 3 个步骤。在本章的框架内，就我国基本养老保险筹资而言，对应的筹资责任、筹资结构及筹资规模水平主要集中体现在筹资决策层面，筹资效率则主要体现在筹资执行层面，因此下文主要从这两个方面展开。

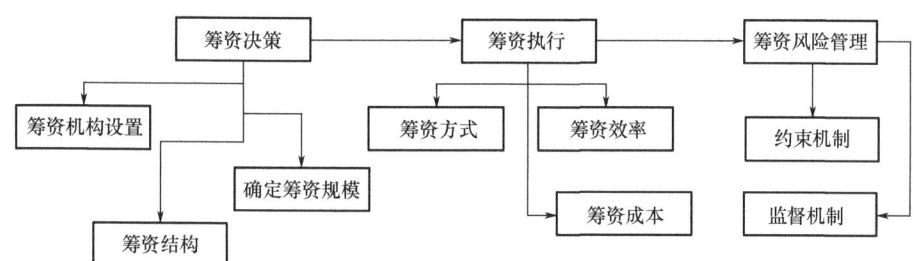

图 7-1 基本养老保险筹资机制流程

1. 筹资决策层面的优化方向

进行筹资决策层面的优化，首先，需要对相关筹资主体对应的责任予以明晰，明确各自需要承担的实际比例，并通过具有稳定性与强制性的正式制度予以约束与保障，各主体具体所需要承担的实际比重可以通过具体费率和费基标准体现出来，其次，要设定相关的职能部门，并进行合理的分工。综合梳理各国基本养老保险筹资机构与部门设置可知，筹资机构主要涉及税务部门、社保部门、财政部门及基金管理部门。优化主要针对充分释放相关职能部门工作能效，即有针对性、有效率地进行分工与协作。再次，筹资决策包含对筹资结构的构建。筹资结构涉及多个方面，既包括资金来源的种类与比例，也涉及筹资资金汇总的形式。就我国而言，由于目前我国基本养老保险统筹层次大多数地区为省级统筹，因此，全国基本养老保险的整体筹资可以分割为以省为单位的子系统，若干个子系统构成了对应的筹资结构。因此，筹资结构优化的重点是需要均衡各个子系统的筹资水平，确保各个子系统能够提供稳定、均衡的资金，进而对整体的筹资结构进行优化。最后，在于确定相应的筹资水平与规模。决策层面对筹资水平的影响主要体现在费率与费基的确定上。筹资水平的优化需要通过一定的方法，科学准确地预测基本养老保险制度对资金的需求量，既要防止筹资不足导致的基金收不抵支，又要避免因筹资过多而造成的对经济主体的负担以及资金的低效使用。因此，合理设置综合费率与费基标准尤为重要。

2. 筹资执行层面的优化方向

筹资执行层面的优化主要针对筹资具体执行层面，即相关职能部门实际的运行效率、投入产出的实际状况，主要涉及筹资的实际效率与相应的运营成本。其中，筹资效率集中反映在相关职能部门具体的筹资能力，可以通过一系列的指标与数据得以显示，如征缴率、扩面率等方面。基于筹资效率的优化，首先要确立具有比较优势的职能部门，充分利用现有条件与优势，在兼顾节约成本的前提下，提升相应的筹资能力。职能部门能力的释放需要对相关部门的职能范围予以清晰的界定，减少部门间的信息不对称，并建立对应的激励机制促进筹资执行层面实现高效与优化。

二、养老保险筹资机制优化路径选择

基于前文的分析，本章就我国基本养老保险筹资机制优化路径选取征缴、统筹与费率水平3个层面展开。其中，征缴层面的优化主要通过税务机关全责征收全面落实落地，税务机关充分释放其征缴能力，实现征缴率的提升，直至达到稳定水平；统筹层面的优化主要通过中央调剂金上解比例的逐步增加以实现基本养老保险的全国统筹；费率水平层面的优化主要针对探寻最优费率，即实现费率调整至合理水平。

（一）征缴层面

基于前文的研究，征缴层面的路径优化主要针对税务机关全责征管基本养老保险费政策的落实落地，即税务机关完全释放其征缴能力，征缴率水平达到前文实证得出的征缴率可上升至73.35%～83.05%。基本养老保险费的参保方具有受益性，相比传统税收而言更具激励性及天然的监管优势，因此，不论以后是否会进行社会保险的"费改税"，随着相关政策与法律的逐步完善，制度刚性的加强将有可能进一步提升征缴率水平。

（二）调剂水平与统筹层次

中央调剂制度作为实现基本养老保险全国统筹的过渡政策，能够降低我国整体基础养老金支付压力，均衡各地区基金收入，优化筹资结构，意义重大。相关文献与学者的研究成果表明，通过中央调剂金制度对我国基本养老保险筹资的优化主要通过调整上解与拨付方案两种途径得以实现。而我国中央调剂金上解比例自2018年起步以来，呈逐年增长态势，截至2020年已经上升至4%。结合前文测算结果可知，加快调剂金制度上解比例的提升速度能够降低制度转轨成本，减少贡献省（区、市）的负面效应。由于调剂金制度的最终制度目标是实现基本养老保险的全国统筹，即实现基本养老金全国范围内的统收统支，因此，对应的上解额度在全国统筹条件下应达到100%。为了更加直观地体现调剂金制度所带来的优化效果，本章选取上解额度为100%这个实现基本养老保险统筹的极端情况，即2020年当年立即实现基本养老保险的全国统筹，以期于更好反映政策可能带来的实际效果。

（三）费率水平

"减负降费"仍是当前中国经济工作的重心，是为企业解压、刺激经济增长的客观需求。在5项社会保险制度中，基本养老保险法定费率水平最高，而实际筹资水平却非常有限，进而致使我国处于高费率与基金失衡的困境。前文通过实证证明了基本养老费率水平对于我国基本养老保险筹资产生的实际效果，即降低费率可以提升基金的相对收入水平。同时，费率与基金当期结余之间存在倒U形关系，结合现阶段新一轮降费政策，在短期内我国基本养老保险法定费率进一步降费的空间不大，但实际费率水平仍需进一步做实做大。基于此，本章针对费率层面的优化路径需结合一定替代率水平下的约束与征缴率水平的变化，以实际费率作为研究对象进行综合分析，通过精算模型分析其所能产生的实际效果与实质性的降费空间。

第二节　养老保险筹资机制优化政策模拟与实证结果

一、基准情况下养老保险的精算平衡分析

（一）精算模型与测算结果

为增强本书的现实价值，本章针对疫情对我国城镇职工基本养老保险基金所产生的实际影响，对基金精算平衡模型中的相关参数进行了估计与假设，结合疫情冲击对我国城镇职工基本养老保险基金的可持续性进行预测与评估，进而作为判断基金自平衡能力的基础。

1. 精算模型构建

我国城镇职工基本养老保险的收支精算平衡是其可持续性的基础与关键。基于数据的准确性、目标需求及现实的条件约束，本章只分析基金自身的平衡能力，即收入端只考虑征缴收入与基金结余增值收入，剔除掉政府财政补贴及其他补充形式的收入来源；支出端不涉及相关制度转轨成本。本章主要对我国城镇职工基本养老保险短、中期平衡与可持续性进行预测，测算区间为2020—2035年，时长16年。

我国城镇职工基本养老保险目前的筹资模式为"统账结合"模式，但由于个人账户并未完全做实，其本质仍是以现收现付制运转。现收现付制的主要目标是实现年度收支平衡，即某一时期内，养老保险基金总收入与同时期基金累计结余之和等于该时期的基金支出。基于此原则，参照曾益测算方法[102]，城镇职工养老保险收支平衡需满足以下等式：

$$\sum_{t=T}^{T'}\left[(AI)_t \cdot \prod_{w=T}^{T'}(1+i_w)\right] + F_{T-1} \cdot \prod_{t=T}^{T'}(1+i_t) = \sum_{t=T}^{T'}\left[(AC)_t \cdot \prod_{w=t}^{T'}(1+i_w)\right] \quad (7\text{-}1)$$

其中，$(AI)_t$ 与 $(AC)_t$ 依次为 t 年城镇职工基本养老保险基金收入和支出，i_t 为 t 年基本养老基金收益率（一般为当年银行年利率），F_t 为 t 年末基金的累计结余，T

和 T' 为依次起始与终止时间。当式（7-1）的左边大于右边时，在 T' 年末基金账户产生结余；式（7-1）左边小于右边时，在 T' 年末基金账户出现赤字。

1）收入模型

结合基金收支平衡理论，第 t 年的基金收入 = t 年参保缴费人数 × t 年法定缴费基数 × 名义费率 × 征缴率，具体可被表达为

$$(AI)_t = \left\{ \sum_{j=1}^{3} \sum_{x=a_j}^{b_j^t-1} N_{t,x}^j \right\} \cdot \overline{w}_t R \cdot z_t = \left\{ \sum_{j=1}^{3} \sum_{x=a_j}^{b_j^t-1} N_{t,x}^j \right\} \cdot \overline{w}_{T-1} \cdot \prod_{s=T}^{t}(1+k_s) \cdot R \cdot z_t \quad (7\text{-}2)$$

其中，$j = 1,2,3$ 分别代表男职工、女职工和女干部，$N_{t,x}^j$ 为 t 年 x 岁的第 j 类的参保职工人数，a_j 为第 j 类最初参保的起始年龄，b_j^t 为 t 年第 j 类参保职工的退休年龄，$\overline{w}_t$ 为 t 年城镇职工基本养老保险的法定缴费基数，z_t 为 t 年城镇职工基本养老保险征缴率，k_s 为 s 年法定缴费基数增长率，R 为 $T \sim T'$ 年城镇职工基本养老保险的名义费率。

2）支出模型

t 年城镇职工基本养老保险统筹账户养老金支出等于参保退休职工人数、计发基数、增长系数及基础养老金计发比例四者之积，对应的个人账户基金支出等于参保职工人数、增长系数与相应的年均个人账户储存额之积，具体可被表达为

$$\begin{aligned}(AC)_t &= \sum_{j=1}^{3} \sum_{x=b_j^t}^{c_j^t} \left[N_{t,x}^j \cdot \overline{G}_{t,x}^j \cdot s_{t,x}^j \cdot \prod_{s=t'}^{t}(1+g_s) \right] \\ &+ \sum_{j=1}^{3} \sum_{x=b_j^t}^{c_j^t} \left\{ N_{t,x}^j \cdot 12 \cdot \left[\sum_{s=\max\{t-x+a_j,1998\}}^{t'-1} \overline{w}_s \cdot z_s \cdot R_2 \cdot \prod_{w=s}^{t'-1}(1+i_w) \right] / m_{t'}^j \cdot \prod_{s=t'}^{t}(1+g_s) \right\} \end{aligned} \quad (7\text{-}3)$$

其中，c_j^t 为 t 年第 j 类职工的终极年龄，$\overline{G}_{t,x}^j$ 为 t 年 x 岁的第 j 类参保职工基础养老金的计发基数，$s_{t,x}^j$ 为 t 年 x 岁的第 j 类职工基础养老金的计发比例，t' 为 x 岁的职工退休年份，$m_{t'}^j$ 为 t' 年第 j 类参保职工个人账户养老金的计发月数，R_2 为城镇职工基本养老保险的个人缴费率，g_s 为 s 年基金增长率。

2. 相关参数设定的预测

（1）人口预测。本章采用队列组元法，参考王翠琴相关研究成果[112]，通过预测模型对人口进行预测。

① 初始人口以2010年"六普"相关数据为基础,排除各年龄的死亡人口,增加上一年度的新增人口。

② 出生人口数取决于育龄妇女人数和生育率水平。综合考虑积极的生育政策所产生的影响,参考2017年联合国居中假设下的中国人口预测数据以及曾益测算结果[102],本章假设,城镇和农村妇女总和生育率依次为1.34和1.78。

③ 根据《中国人口和就业统计年鉴2019》,2018年城镇新生儿男女比例为1.06∶1,本书以2019年中国出生人口性别比为110.14为基础设置相关参数,展开后续研究。

④ 根据队列要素法,以第六次人口普查与2018年1%人口抽样调查数据为基础,可估计出未来不同年龄段的人口数量。结合基数人口数量与生存率得出对应年份的人口数量,利用育龄妇女人数与生育率确定新生人口数量,以年龄段、性别、城乡为指标,依次进行分类运算。根据城乡人口数量,再考虑城乡人口的流动,以城镇化率为基础,得到城镇人口的实际总量。加之以22岁作为平均入职年龄,进而确定城镇职工基本养老保险的新增参保人口。据此,可推算未来各年参保职工人数。

⑤ 死亡率。随着人口老龄化程度逐步加剧,我国人口死亡率将不断增长。有学者通过研究测算出,未来我国人口死亡率将由2018年的6.22‰逐步上升至2025年的7.01‰,直至2035年达到8.8‰。其中,60岁以上人口死亡率,参考第六次人口普查分年龄人口死亡率,保守假设为13‰。

⑥ 迁移率。通过Logistic曲线回归拟合方法并参考邓大松的预测结果[109],表7-1为2019—2035年综合评估后的人口城镇化率。

表7-1 基于Logistic增长模型的城镇化率预测结果

年份	2019	2020	2021	2022	2023	2024	2025	2026	2027
城镇化率/%	60.60	61.63	60.60	63.56	64.46	65.32	66.14	66.93	67.67
年份	2028	2029	2030	2031	2032	2033	2034	2035	—
城镇化率/%	68.37	69.03	69.66	70.24	70.80	71.31	71.80	72.25	—

（2）年龄参数。我国城镇人口平均退休年龄早在 2012 年就已达到 56.1 岁，人社部曾多次表明推迟退休年龄是必然趋势。2017 年公布的《人力资源和社会保障事业发展"十三五"规划纲要》提出，在"十三五"期间（2016—2020 年）应制定出台渐进式延迟退休年龄方案，而 2020 年为执行该方案的最后期限。按照其要求，从执行之日起，女性退休年龄每 3 年延迟 1 岁，男性退休年龄每 6 年延迟 1 岁，直到 2045 年同时达到 65 岁。以 2020 年作为初始点，假设男职工平均退休年龄为 60 岁，女职工为 50 岁，参照《人力资源和社会保障事业发展"十三五"规划纲要》中提出的延迟退休方案，截至 2035 年，男职工的退休年龄将为 62.5 岁，女职工的平均退休年龄为 55 岁。综合考虑我国法定成人年龄、高等教育的普及化及部分学者的研究成果，本章假设城镇职工平均最低入职参保年龄为 22 岁，终极年龄为 100 岁。

（3）征缴率。以 2018 年作为基准点，当年实际征缴率为 64.25%。但由于 2019 年征缴体制改革仍处于过渡期，部分省（区、市）仍未将社保的征管工作完全移交至税务部门，且据实际调研情况来看，绝大多数地区实际上仍以税务机关代征模式进行运营。基于此，本章假定，在税务机关全责征管真正落实前征缴率仍处于 2018 年的 64.25%，不会产生较大波动。

（4）实际缴费基数。2020 年之前，城镇职工基本养老保险法定缴费基数的增长率与人均 GDP 增长率处于一个基本平稳的态势。但随着经济新常态推进与发展，有学者认为，缴费基数增长率在未来也会随之放缓，并预测 2019 年与 2020 年法定缴费基数增长率为 6.5%，每 5 年下降 0.5 个百分点，直至降至 2%。结合疫情影响、当前稳中向好的发展态势和积极有为的政策环境，以及部分学者相关研究成果，本章提出假设：在我国 2020 年度 GDP 增速 2.3% 的基础上，修正相关参数，对应的城镇职工基本养老保险法定缴费基数增长率降至 6%，然后每 5 年下降 0.5 个百分点，直至 2%，趋于平稳。2019 年实际缴费基数等于 2019 年城镇职工基本养老保险征缴率与 2018 年全口径就业人员平均工资（即 2019 年法定缴费基数）的乘积。基于前文征缴率从 2018 的 64.25% 增至 2021 年的 84.55% 的假设，2019 年的征缴率为 73.4%，计算出 2019 年实际缴费基数为 60 491 元。

表 7-2　2019—2040 年人均在岗职工工资基数及增长率

年份	工资水平/元	增长率/%	年份	工资水平/元	增长率/%
2019	93 383	6.0	2030	171 494	5.0
2020	98 986	6.0	2031	180 069	5.0
2021	104 925	6.0	2032	189 072	5.0
2022	111 221	6.0	2033	198 526	5.0
2023	117 894	6.0	2034	208 452	5.0
2024	124 968	6.0	2035	217 832	4.5
2025	131 841	5.5	2036	227 635	4.5
2026	139 092	5.5	2037	237 878	4.5
2027	146 742	5.5	2038	248 583	4.5
2028	154 813	5.5	2039	259 769	4.5
2029	163 328	5.5	2040	270 160	4.0

（5）领取人口预测。以第六次人口普查数据和2015年1%人口抽样调查数据作为基准，通过运用队列要素法，可预测未来人口数量。以城乡、年龄、性别的类别分别进行相应的运算，当年度人口数等于上年度人口数与对应生存概率的乘积，当年度新生人数等于当年度育龄妇女人数与对应生育率的乘积，结合对应的城镇化率，进而计算得出最终的城乡人口数量。由于前文假设城镇职工平均最低入职参保年龄为22岁，因此每年年满22岁的劳动力为新增参保人口。参照以上方法，可得出未来各年参保职工人数。

（6）失业率与劳动参与率。李建伟对我国失业率与劳动参与率进行过预测，认为我国经济活动人口的自然失业率将由2010年的2.95%持续下降至2021年的2.79%，受人口老龄化的持续影响，2021年以后自然失业率将逐步提高，直至2050年达到3.62%[113]。同时，我国劳动参与率也将呈整体下降态势，其中16岁以上人口劳动参与率将由2018年的68.72%下降至2025年的63.48%，直至2035年达到55.72%。受疫情影响，2020年上半年，我国城镇调查失业率增长十分明显，"稳就业"成为疫情后政府工作中"六保六稳"的首要目标。对此，从中央到地方政府出台了一系列的稳定就业政策，失业率的上升趋势已得到遏制。因此，本章针对未来城镇失业率提出假设：在参考2020年当年我国失业率为5.2%的基础上，设定相关参数和系数，5年后逐渐恢复至4.5%并保持稳定。2019年我国劳动人口参与率为68.19%，为十年来历史新低。综合参考之前学者预测结果与当前制度环境，本章假设在测算区间内我国劳动参与率为61.96%。

（7）减免政策资金缺口。据人社部数据，2020年2月各省上报减免养老、失业、工伤3项社会保险费合计1239亿元，其中1—2月企业养老保险基金征缴收入同比减少了23.3%；2—3月企业减免的三项社保费合计2329亿元，养老保险2184亿元，占比为93.8%。截至2020年4月底，我国减免3项社保总量为3402亿元。截至同年6月底，政策共减免企业3项社保费合计5769亿元，缓缴社保费431亿元。人社部在网上新闻发布会中提出，预计减免政策实施到年底，合计可为企业减少成本1.6万亿元❶。在此基础

---

❶ 数据来源：人社部各季度新闻发布会公开数据、公报数据及相关领导答记者问公布数据。

上,本书通过估算得出,2020年全年减免金额为16 000亿元,参考2—3月企业养老缴费在减免总量中的实际比例,2020年全年对应减免的缴费收入为15 008亿元。

(8)养老金给付标准与基金增值率。为应对疫情、保民生,人社部发布了《关于2020年调整退休人员基本养老金的通知》,要求对养老保险金计发水平在上一年的基础上上调5%。2020年以前,我国退休人员基本养老金调整水平一直保持每年5%左右的增长,结合疫情后的整体经济环境、财政压力与制度的稳定性,本章假设在测算区间内职工基本养老计发标准继续保持每年5%的增长率。

基于《统一和规范职工养老保险个人账户记账利率办法》与相关学者研究成果[114],本章将2019年及以后的个人账户记账利率设定为5%。而城镇职工基本养老保险基金仍多以购买国债等低风险形式进行增值,2018年基本养老基金投资收益率为2.56%。截至2020年年中,虽然多数省(区、市)已签署基本养老保险基金委托投资合同,但由于参与的委托资金量相对总量占比不大,所以本章将城镇职工基本养老保险基金保值增值率假定为3%。

(三)实证结果

通过相关假设与参数调整,本章通过精算模型对2020—2035年城镇职工基本养老保险基金收支平衡与可持续性进行了预测。经过测算,疫情带来的实际影响对我国城镇职工基本养老保险影响十分明显,在中短期对基金可持续性负向影响显著。

通过表7-3数据可以观测城镇职工基本养老保险基金收支的整体变动趋势。2020年,受疫情冲击,当期基金收不抵支,结余为负,但由于累计结余资金尚且充足,能够较好地填补疫情所带来的收入缺口。在收入端,经过测算,受失业率上升与整体经济波动的影响,基金收入在疫情前后变化明显,受到了直接冲击。其中,2020年城镇职工基本养老保险基金收入急剧缩减,但随着阶段性减免政策的结束,2021年基金收入快速回升,随后基金收入增长率受延迟退休政策影响,呈周期性波动,但整体增速呈放缓态势,平均增长率由2022—2028年的4.42%降至2029—2035年的4.11%。在支出端,疫情对基金支出层面的影响并不显著,但随着人口老龄化的逐步加剧，基金的支出压力会越来越大。与此同时，受宏观经济发展、征缴体制改革及延迟退休政策等一系列政策影响，基金收入当期缺口的增长率自2022年后呈逐步减小态势，其平均增长率从2022—2028年的20.1%逐步降至2029—2035年的11.4%。由于本章测算区间为中短期，主要考虑疫情及相关政策影响，诸如"全面二孩"等调整人口结构的长期政策，在本章的测算区间内并未能得到充分体现。

表7-3 城镇职工养老保险基金收入、支出、当期结余与累计结余

单位：亿元

年份	基金收入	基金支出	当期结余	累计结余
2020	22 989.53	53 431.40	−30 441.87	24 181.13
2021	34 117.28	63 689.10	−29 571.86	−5 390.73
2022	35 419.81	72 291.90	−36 872.08	−12 699.60
2023	37 402.81	78 750.10	−41 347.26	−42 546.80
2024	38 730.97	88 672.10	−49 941.17	−81 314.46
2025	39 824.00	99 286.90	−59 462.88	−130 227.68
2026	43 076.50	102 877.00	−59 800.45	−179 673.67
2027	44 502.44	114 462.80	−69 960.31	−240 065.13
2028	46 126.60	126 391.70	−80 265.08	−311 757.98
2029	48 544.68	136 306.10	−87 761.42	−391 975.50
2030	50 070.66	149 976.90	−99 906.25	−485 861.15
2031	51 353.80	165 360.70	−114 006.86	−595 789.13
2032	55 169.57	171 352.40	−116 182.88	−709 435.73
2033	56 670.22	188 198.30	−131 528.12	−840 794.60
2034	58 360.39	205 698.60	−147 338.26	−990 713.57
2035	61 076.62	219 484.60	−158 407.95	−1 154 592.00

二、养老保险筹资机制优化政策模拟与实证结果

（一）税务部门全责征管条件下相关参数调整与精算结果

1. 税务部门全责征管条件下对征缴率水平的影响

通过前文对税务部门全责征管的实际能力量化，得出征缴体制转变将使

征缴率提升 20.3～25.2 个百分点。以 2018 年作为基准点，当年实际征缴率为 64.25%，则征缴率可上升至 84.55%～89.45%。但 2019 年征缴体制改革仍处于过渡期，部分省（区、市）仍未将社保的征管工作完全移交至税务部门。此外，当征缴体制发生转变后，在短期很难实现税务机关征收能力的全部释放，税务与人社两部门仍需进一步加强沟通协作。同时，随着基本养老保险省级统筹的全部实现与基本养老费缴费标准的逐步统一，税务机关将充分发挥其征管能力。经过税务机关和人社部门之间的磨合与协调，伴随着社保阶段性减免政策对企业缴费遵从度的提升，征缴体制改革所带来的增益将逐渐显现，并达到稳定水平。因此，本书假定，征缴率水平在 2021 年从 2018 的 64.25% 增至 84.55%，并达到稳定值。

2. 税务机关全责征管条件下精算模型的实证结果

表 7-4　税务机关全责征收下基金收入、支出、当期结余与累计结余

单位：亿元

年份	基金收入	基金支出	当期结余	累计结余
2020	28 132.8	53 431.4	−30 738.4	25 249.6
2021	44 896.7	63 689.1	−18 792.4	7 214.7
2022	46 610.8	72 291.9	−25 681.1	−18 250.0
2023	49 220.4	78 750.1	−29 529.7	−47 780.0
2024	50 968.1	88 672.1	−37 704.0	−85 483.6
2025	52 406.5	99 286.9	−46 880.4	−132 364.0
2026	56 686.7	102 877.0	−46 190.3	−178 554.3
2027	58 563.1	114 462.8	−55 899.6	−234 454.0
2028	60 700.5	126 391.7	−65 691.2	−300 145.1
2029	63 882.5	136 306.1	−72 423.6	−372 568.7
2030	65 890.6	149 976.9	−84 086.3	−456 655.0
2031	67 579.2	165 360.7	−97 781.5	−554 436.4
2032	72 600.6	171 352.4	−98 751.9	−653 188.3
2033	74 575.4	188 198.3	−113 623.0	−766 811.3
2034	76 799.5	205 698.6	−128 899.1	−895 710.4
2035	80 374.0	219 484.6	−139 110.6	−1 034 821.0

从表 7-4 可以发现，当征缴率提高至 84.55% 时，相较于先前基准情况下的精算结果，在不考虑财政补贴及其他收入的情况下，基金累计结余能够满足在 2021 年及以前养老金当期足额发放，基金的征缴收入有了较大幅度的增长，改善了基金收支的实际状况。可见，在征缴率大大提高的情况下，基金在测算区间内自平衡能力得到了提升，进而显现出，在税务部门全征管模式给城镇职工基本养老保险基金的财务运行状况带来了较大程度的改善，这也能够为深化基本养老保险降费政策改革提供条件。

（二）全国统筹条件下相关参数调整与精算结果

1. 全国统筹条件下待遇计发方法

参考《国务院关于完善企业职工基本养老保险制度的决定》及邓大松[109]的研究，对全国统筹下我国基本养老保险制度中的待遇计发做出如下假设：首先，针对先前对参保人员"老人""中人"与"新人"的划分，目前"老人"已全部领取养老金，其计发比例可设定为 1；对应的"老中人"计发比例设定为 20%；"新中人"与"新人"的计发比例参照实际退休年龄与缴费年限，缴费年限每满 1 年增加 1%。其次，就过渡性养老金而言，"老中人"和"新中人"对应的计发比例区间在 1%～1.4%，基于此，取 1.25% 作为在城镇职工基本养老保险中过渡性养老金的计发标准的综合比例。

在全国统筹条件下，结合我国统账结合的筹资模式，为充分实现基础养老金的共济性与公平性，基础养老金的计发标准应全国按照统一标准进行，即计发基数以全国平均工资作为标准。由于政策存在过渡性，仍按照先前养老保险制度改革对参保人群的分类方式，则"老人"的基础养老金按照改革以前的退休金的方式发放；按照人社部相关规定，"老中人"以退休前一年的社平工资作为计发基数；"新中人"与"新人"的计发标准按照退休前一年的社会平均工资和指数化年对缴费基数取平均值作为基数；"新中人"的计发基数取过渡性养老金指数化后的年平均工资。基于实现养老保险全国统筹的背景，以全国平均工资和指数化平均工资的均值得到给付水平的对应基数。参考相关研究的条件，可得出以下方程：

$$PC_i = \frac{\omega_{i-1}}{2} \times \left[1 + \frac{1}{b-a} \sum_{k=1}^{b-a} \left(\frac{\omega_e}{\omega_{e-1}}\right)\right] \times (b-a)\% \qquad (7\text{-}4)$$

其中，PC_i 为全国统筹条件下参保我国城镇职工基本养老保险退休职工当年的养老金给付，a 为职工参加工作的年龄，b 为退休年龄，则 $b-a$ 为参保者的缴费年份。ω_i 为第 i 年职工的缴费工资，ω_{i-1} 表示第 $i-1$ 年时的全国社会平均工资。

2. 全国统筹条件下精算模型的实证结果

结合先前的精算模型，将相关经过调整后的参数代入先前模型，得出 2020—2035 年我国城镇职工基本养老保险基金统筹账户的基金收入与支出，见表 7-5。

表 7-5 全国统筹条件下城镇职工养老保险基金收支及结余

单位：亿元

年份	基金收入	基金支出					当期结余
		老人	老中人	新中人	新人	合计	
2020	28 132.8	1 297	1 077	24 817	—	27 191	941.8
2021	44 896.7	1 226	1 043	25 121	—	27 389	17 507.7
2022	46 610.8	1 144	1 010	26 351	—	28 505	18 105.8
2023	49 220.4	1 090	962	29 281	—	31 333	17 887.4
2024	50 968.1	980	1 305	30 740	—	33 025	17 943.1
2025	52 406.5	809	895	31 628	—	33 332	19 074.5
2026	56 686.7	826	—	33 795	—	34 622	22 064.7
2027	58 563.1	754	—	33 691	—	34 445	24 118.1
2028	60 700.5	684	—	43 684	—	44 368	16 332.5
2029	63 882.5	618	—	40 128	—	40 746	23 136.5
2030	65 890.6	556	—	44 682	—	45 327	20 563.6
2031	67 579.2	497	—	38 480	—	38 976	28 603.2
2032	72 600.6	441	—	38 218	—	38 659	33 941.6
2033	74 575.4	390	—	38 814	—	39 204	35 371.4
2034	76 799.5	338	—	29 813	3 266	33 417	43 382.5
2035	80 374.0	262	—	29 708	3 369	33 339	47 035.0

根据表 7-5 显示的我国城镇职工基本养老保险统筹账户收支模型的测算结果，从基金收支变动趋势可以看出，在全统筹条件下能够改善基金的实际状况，在制度平稳运行的前提下，短期内基金能够自给自足，缓解当前所面临的"收不抵支"问题。从收入端而言，由于为了简化测算，将对基金收入采取的统一费率作为测算标准，并不能反映地区间差异化的费率水平与缴费基数标准，因此，基金收入水平与基准状况一致。对于基本养老保险全国统筹所产生的实际效果，本章主要针对支出端。从支出端来看，在本章的测算区间内，基金总支出呈现上下波动的走势，先后经历了增加至减少又再增加的过程，这表明在中短期，养老金支出压力仍面临着逐渐加大的问题。在实现养老保险全国统筹背景下，就城镇职工基本养老保险而言，在短期内当期结余整体规模能够保持小幅度的增长，这从某种程度上证明了全国养老保险统筹的实现能够对筹资结构进行优化，进而产生了相应的积极效果，能够有效缓解城镇职工基础养老金收支失衡，增加基金的自平衡能力与可持续性。随着延迟退休方案的执行，在支出结构上，在 2018—2025 年时间区间内，基金的支出对象主要为"新中人""老中人"与"老人"；在 2026—2033 年时间区间内，基金的支出对象转变为"新中人"与"老人"。在测算末期的 2034 年，将面临第一批"新人"的退休，未来所面临的养老金支出压力将进一步扩大。

在实现全国统筹的假设下，可以发现，2020—2035 年"新中人"是养老金的主要支出对象，"老人"与"老中人"次之，且二者整体水平相差不大。最后，在 2035 年后，"新人"领取的养老金将逐步超过"新中人"。基于以上分析可认为，由于模型的设计在全国统筹条件下对基金实际收入的增量无法清楚体现，此外，研究发现，通过对支出端的优化能够改善基金的整体状况，同时，因延迟退休政策产生的效果具有周期性，基金的支出压力在部分时间区间内仍处于较高水平。

（三）我国基本养老保险费率水平变化下参数调整与精算结果

1. 相关参数调整

养老保险替代率是对费率水平变化进行研究时需要考虑的一个关键

指标。当前研究成果对于适宜的替代率水平存在多种观点。其中，贾洪波等认为中国的养老金替代率水平应保持在 50% 以上 [115]。郝勇等提出，结合中国国情，就职工养老金而言，其替代率水平的合理区间为 39%～56% [116]。李珍提出，最优的替代率水平应趋近于 60%。由于本章的研究目标主要针对在既定替代率水平约束下，费率水平、征缴水平与整体筹资水平之间的关系，替代率并不是主要研究对象，因此，结合前文与相关研究成果，结合汪润泉等相关研究成果，以替代率的限定值控制在 50%～100% 区间内为基础展开研究。

前文已经证明了征缴体制对于征缴率水平的影响，结合征缴体制改革，征缴率的取值区间为 64.25%（2018 年实际值）～100%，以此分析当征缴率发生变化时对基金收入所产生的实际影响，并以此为基础测算出对应基金收入约下费率变化的空间。

2. 费率水平调整条件下精算模型的实证结果

图 7-2 显示了在时间区间 2020—2035 年内，职工养老保险在基准情形下实现年度精算平衡对应的费率水平。在替代率水平在 50% 条件下，征缴率水平对应为 60% 时，2020 年实现基金收支平衡所需费率水平为 24.9%，截至 2035 年提升至 43.2%；在征缴率提升至 100% 条件下，2020 年实现基金收支平衡所需费率水平为 18.1%，截至 2035 年提升至 29.5%。可以发现，在养老保险替代率保持不变的前提下，随着人口老龄化程度的加剧，制度赡养率将逐渐增长，为实现当期基金收支平衡，所需基本费率水平也将逐步提升。图 7-3 则显示了当征缴率为 100% 时，不同替代率水平下，实现基金收支平衡所需的费率水平情况。在替代率为 55% 情况下，2020 年实现基金收支平衡所需费率水平为 21.9%，截至 2035 年提升至 36.7%；在替代率为 60% 情况下，2020 年实现基金收支平衡所需费率水平为 24.8%，截至 2035 年提升至 39.3%。

基于上文可以发现，在替代率保持既定水平前提下，征缴率水平直接决定可能的降费空间；征缴率水平的提升能够在短期内为基本费率创造一定的降费空间，但随着人口老龄化程度的加剧，赡养率水平的提升，实现基金平衡所需费率水平将超过既定水平。与此同时，频繁的变动费率水平能够产生较大的"菜单成本"，将产生额外的制度负担。此外，经过测算，当替代率保持在 50%、征缴率为 100% 的情况下，养老保险在 2020—2035 年维持收支平衡所需费率水平为 26.7%，仅比当前名义费率高 2.7%。

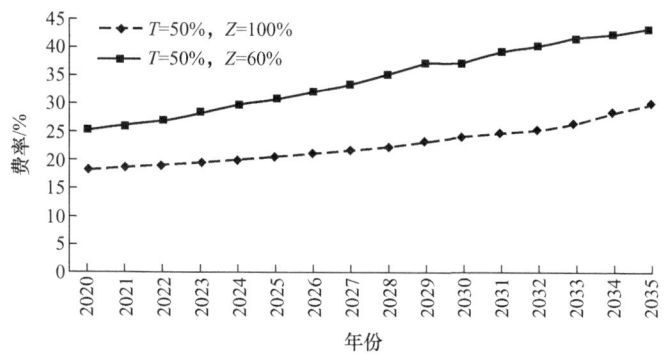

图 7-2　不同征缴率下的年度精算平衡费率

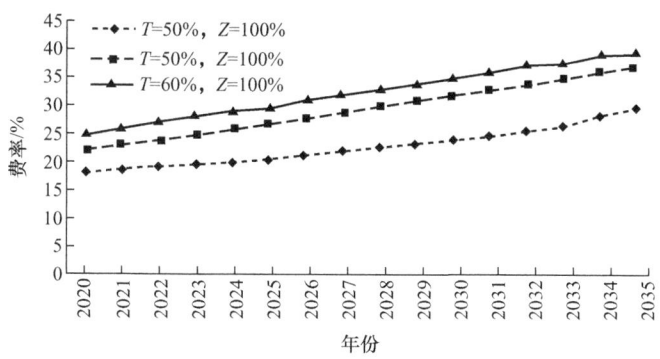

图 7-3　不同替代率下的年度精算平衡费率

当替代率固定在 50% 时，征缴率与基本养老保险费率之间的关系如图 7-4 所示。当征缴率下降时，实现长期精算平衡所需费率水平将上升，说明征缴率与费率具有反函数关系。根据精算结果拟合二者间的关系可得

$$y = 2670/x \tag{7-5}$$

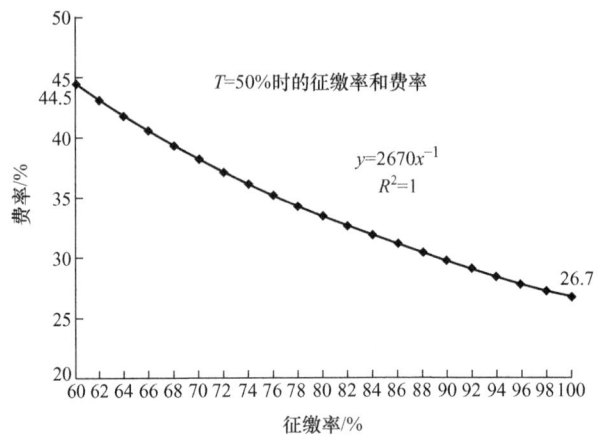

图 7-4 征缴率、替代率和长期精算平衡费率

因此，在当前制度环境与对应参数保持不变的条件下，若想实现养老保险费率降至 28% 及以下，对应的征缴率水平需提升至 95.36% 及以上。现阶段各省（区、市）基本养老保险费率绝大多数已经明确将降至 24%，而部分发达省（区、市）费率水平的提升相对滞后，因此，在当前条件下，在基金自平衡的约束下，养老保险费率进一步下调的空间十分有限。相比进一步降低名义费率，结合征缴模式改革，进一步做实实际费率能够在保持当前制度环境稳定的基础上加强政策的准度、精度，切实落实降费政策。

第三节 养老保险基金自平衡能力评估指标体系构建

前文交代了加强基本养老保险基金自平衡能力对其筹资机制优化的目标性作用，因此，对自平衡能力进行有效的评估能够有利于了解基本养老筹资优化的实际效果，能够对优化前后的实际状况更加清晰地显现。同时，自平衡能力的提升关乎基本养老保险制度的可持续性、各级政府财政压力的缓解及我国社会保障体系的完善。但现阶段相关研究成果并不丰富，因此，本章参照相关文献和政策，在基于我国国情的基础上，对基本养老保险基金自平衡能力进行大胆的探索和研究，以期更好地研究基本养老保险制度运行的实际状况，探寻从筹资层面进行优化的目标与路径。

一、基金自平衡能力评估指标体系的相关理论分析

(一)基金自平衡能力评估的内涵与理论基础

基金自平衡能力评估是指通过考察基本养老金收支的各个阶段、环节(包括筹集与计发的各个环节),进行全面综合检测、评价和判断。国内外学者对基本养老保险制度的相关评估,主要从公平、效率、可持续性、充足性等层面,根据政策内容的不同,进行调整。基金自平衡能力评估理论基础的来源,一方面为基金收支平衡理论与方法,包括精算理论与会计平衡,另一方面为养老金发展与养老保险政策执行相关标准制定中的原则与理论基础。

(二)建立基金自平衡能力评估指标体系的必要性

建立基本养老保险基金自平衡能力评估指标体系是我国养老保险形势发展的现实要求与关键环节。改革开放以来,我国基本养老保险制度一直处于转型与发展的状态。随着制度的不断变迁,其覆盖面越来越广泛,多层次的养老保险体系也逐渐构建起来,但与此同时,对于政府的依赖性也越来越强。对基本养老保险而言,财政提供了巨大支撑作用,财政补贴规模逐年递增,目前的基金结余也依靠财政补贴得以维持,而这正是基金自平衡能力不足的重要体现。因此,构建基金自平衡能力评估指标体系尤为重要。这能够帮助理清基金运行的实际状况,降低对政府的过度依赖,促进养老保险制度更加合理、健康地发展。

(三)基金自平衡能力评估指标体系的内涵、方法

基金自平衡能力需考虑综合因素的影响,并结合基金的实际运行状况与流程确定相应的评估目标,设计出对应的指标(具体涉及评估标准、工具、方法、程序等多项内容),构建出尽可能客观真实地反映基金自平衡能力的评估指标体系。基金自平衡能力评估指标体系由多层次、多角度的定量和定性指标构成,在参考基金收支平衡理论与实际精算平衡测算的基础上,结合我国基本养老保险制度的发展历程与制度结构,确定合适的评估标准,可形成可量化且准确的指标体系。

目前评估标准中,较为常用的是"3E"标准(有效性、效率、公平性)。在此基础上,有学者以"4E"标准作为政策评估标准,即经济、效

率、效益、公正，以此构建综合评价体系。在对应理论基础的指导下，参考中国社会科学院公开的《中国养老金发展指数2018》，并结合相关文献与我国现阶段的制度环境与机构设置，建立基金自平衡能力评估指标体系，通过外部性、可持续性、效率性、统筹性、补贴性5个维度展开。其中，外部性与效率性为常见的政策评估标准，可持续性指标是自平衡能力的重要体现，统筹性指标主要针对当前社会保险所存在的区域性碎片式发展的结构，补贴性指标针对由我国养老保险制度转轨所引发的财政补贴的过度依赖。

二、基金自平衡能力评估指标体系的构建

（一）选取评估指标的主要原则

选取评估指标需要把握以下几点主要原则：①目的性，即反映指标体系构建的实际意义，通过指标的选取，对项目目标要能够有一定的反映及解释说明。②全面性，即综合考虑相关影响因素，结合目的性原则，将重要因素尽可能都囊括进指标体系中，本章所研究的评估指标包括外部性、可持续性、效率性、统筹性、补贴性5个方面，从多个角度对自平衡能力进行全面的评估。③层次性，即指标体系需充分覆盖基金自平衡能力的主要特点，选取的指标应相互联系与补充，以期于能够更加全面地进行评估与量化。④可操作性，即指标的选取需考虑现实中对数据的可获得度以及衡量的难易，尤其是在我国基本养老保险制度存在结构的不确定性与地区间的差异性的条件下。

（二）基本养老保险基金自平衡能力评估指标体系

1. 外部性指标

外部性指标是指在当前制度、经济与社会环境约束下，对基金自平衡能力所产生的实际影响。外部环境越理想，基金自平衡能力边界越大，极限能力越强。因此，在本章的框架内，主要选取了覆盖面、人口老龄化率、退休年龄3个重要指标。

（1）覆盖面：基本养老保险实际参保人数与应参保人数之比，受制度、经济、文化等多方面的影响，该指标可被用来衡量基金整体规模。

（2）人口老龄化率：在外生变量中，人口结构对养老保险基金自平衡能力的影响尤为显著。其中，人口老龄化是目前人口结构中最为显著的特征，

具体表现为老龄人口总量的增加和生育率的不足,以及由此导致的老年人口比例增加。人口老龄化程度影响领取养老金的实际人数,老龄化程度越高,领取的人数可能越多,基金的自平衡能力也就越弱。

(3)制度赡养率:制度赡养率是指参保的离休人员人数占参保职工人数的比例。在同等基金收入的条件下,制度赡养率越高,基金支出压力越大,基金自平衡能力越弱。

2. 可持续性指标

基本养老基金收入与支出变化在长期需保持一致与稳定,二者需相匹配。而基金征缴收入作为基金收入的主要来源,必须提供稳定与充足的征缴收入,这就要求征缴层面需实现缴费激励,并具有先进的管理水平与较低的缴费成本。参考相关课题组研究成果,本章采取4类基金可持续性指标,依次为:缴费水平、待遇水平、累计结余可支付时间、基金保值增值水平。

(1)缴费水平:缴费水平是衡量基金自平衡能力的关键指标,其中缴费基数与基本养老保险费(税)率受政策影响,能够对企业营商环境带来直接影响。

(2)待遇水平:待遇水平与缴费水平一样,受政策直接影响,基于精算平衡原则,待遇水平应与收入水平挂钩,但由于基本养老保险制度作为一项社会福利,待遇计发应考虑增进社会公平与维稳情况下我国待遇水平受计发政策的直接影响。

(3)累计结余可支付时间:反映基本养老保险制度当前持续支付能力的强弱,是制度变革与转轨的必要条件。

(4)基金保值增值水平:一般选取基金投资收益率作为衡量指标,反映基金结余的抗风险能力以及保值增值的水平。而能够影响基金收益率水平的3个主要指标为通货膨胀率、社会平均工资增长率与经济增长率。

3. 效率性指标

低成本、高效地维持基本养老保险制度的正常运行是提升自平衡能力的客观要求。本章设定的指标体系更多侧重于筹资层面的效率水平,因此,选取征缴率、征收成本占基本养老保险征缴收入比重与基金管理成本3个方面进行研究。

（1）征缴率：基本养老保险缴费能力将直接影响基本养老保险自平衡能力。一般的征收主体主要为社保经办机构与税务机关，在实际运行中，不同的征收主体对征缴率影响显著，特别是针对成本、效率及信息的管控环节。

（2）征收成本占基本养老保险征缴收入比重：相关征收部门付出的管理成本占实际征缴收入的比例，衡量为征收层面所投入的人力物力成本，评估征缴过程中管控的有效性。

（3）基金管理成本：基本养老基金实际运营管理所产生的成本，包括人力、物力的投入，以及基金投资可能的风险与亏损。

4. 统筹性指标

统筹性指标主要针对统筹层次及相关内容，即缴费标准、养老金计发办法、基金使用等内容。统筹层次设定是在整个养老保险制度范畴内进行统一设计与管理。统筹层次越高，基金抗风险能力越强。统筹层次水平由低到高，可主要分为全国统筹、省级统筹、市级统筹和县级统筹4个等级。就我国而言，中央调剂金制度是针对提升基本养老保险统筹层次的过渡政策，调剂金制度的上解比例越高，对应的统筹层次也就越高，当达到100%，则实现全国统筹。因此，选取调剂金上解、下拨比例与统筹层次两个关键指标。

（1）调剂金上解、下拨比例：调剂金的上解与下拨比例直接反映调剂制度的实际水平与能力，上解比例变动与下拨政策不仅只针对地区，对全国整体基本养老保险制度的可持续性与自平衡能力也能带来影响。

（2）统筹层次：国际上的基本养老保险制度在建立之初多已采取全国统筹，因此"统筹层次"指标主要针对中国。出于简化，在对指标评价标准的设计上将县级统筹与市级统筹两个层次进行合并，统一设为市（县）级统筹。因此，统筹层次指标可被简单设计为市（县）级统筹、省级统筹和全国统筹。

5. 补贴性指标

基本养老金对财政补贴的依赖程度是判断基金自平衡能力的重要标准。补贴性指标主要通过测算财政补贴的占比与增速得出，进而衡量基本养老金的自平衡能力。因此，在本章的框架内选取财政补贴占基本养老保险收入比重、中央对应财政补贴占地方基本养老保险收支差额的比率、人均基本养老保险财政补贴额、财政补贴增长率与基金收入增长率。

（1）财政补贴占基本养老保险收入比重：反映基本养老保险基金对财政补贴的依赖程度，是衡量基金自平衡能力的核心指标。目前，我国基本养老收入主要为征缴收入、利息结余、财政补贴与其他收入。该指标能够间接反映基本养老保险自身收入的真实总量与实际收入能力，以及政府财政的筹资责任和实际份额。

（2）中央对应财政补贴占地方基本养老保险收支差额的比率：地区养老金收支差额能够反映对应的基金自平衡能力。由于养老保险尚未实现全国统筹，地区间制度的发展并不均衡。该指标主要反映地区基本养老保险基金自平衡能力的差异性与地区对中央财政补贴的依赖程度。

（3）人均基本养老保险财政补贴额：反映受益人群平均每人接受财政补贴的份额。

（4）财政补贴增长率与基金收入增长率：衡量养老保险对财政补贴依赖程度的发展趋势，进而判断基金自平衡能力的实际变化。

参照养老金发展指标体系，结合以上选取的养老金评价指标与基本养老保险制度的缴费与计发指标，构建以下指标体系，见表7-6。

表7-6 我国基本养老保险基金自平衡力评价指标体系

一级指标	二级指标	指标说明	评价要点
外部性指标	覆盖面	用来反映基本养老保险的实际规模与能力范围	① 应参保而未参保人群 ② 制度的覆盖面
	人口老龄化率	用以测量养老保险基金自平衡压力	① 不同基本养老保险制度下的人口老龄化 ② 不同口径老龄化率 ③ 老龄化率对基金自平衡能力的影响

（续表）

一级指标	二级指标	指标说明	评价要点
外部性指标	制度赡养率	反映的是退休参保人员占比、人口老龄化程度及基金支出压力	"赡养率"指标主要受"法定退休年龄"与"养老金受领时长"影响
可持续性指标	缴费水平	包括缴费基数、基本费率	① 缴费水平 ② 工资水平
可持续性指标	待遇水平	养老金发放标准与水平	缴费与待遇水平的纵向与横向比较
可持续性指标	累计结余可支付时间	反映基本养老保险制度当前持续支付能力	累计结余可支付时间 = 累计结余额 ×365/ 当年基金支出额
可持续性指标	基金保值增值水平	反映基金保值、增值以及应对风险的能力	增值率水平高低
效率性指标	征缴率	作为主要指标用以测量基本养老保险基金获得实际收入的能力与水平	① 征缴率 ② 征缴率的纵向与横向比较 ③ 缴费与缴税的对比及征缴效率
效率性指标	征收成本占基本养老保险征缴收入比重	相关征收部门付出的管理成本占实际征缴收入的比例	① 衡量为征收层面所投入的人力物力成本 ② 评估征缴过程中管控的有效性 ③ 督促相关部门征收过程中控制管理成本，节约费支出
效率性指标	基金管理成本	基金实际运营管理所产生的成本与损失	管理成本占管理基金的比重
统筹性指标	调剂金上解与下拨比例	调剂制度的实际水平与能力	上解比例变动与下拨政策对全国整体可持续性与自平衡能力的影响

（续表）

一级指标	二级指标	指标说明	评价要点
统筹性指标	统筹层次	缴费标准、基数与计发办法的统一	统筹层次与基金可持续性
补贴性指标	财政补贴占基本养老保险收入比重	反映基本养老保险基金对财政补贴的依赖程度	① 审查基本养老保险自身收入的真实总量 ② 政府财政的筹资责任与实际份额 ③ 衡量基金实际收入能力
	中央财政补贴占地方基本养老保险收支差额的比率	反映地方基本养老保险收支对中央财政补贴的依赖程度	① 真实反映地方基本养老保险收支状况 ② 地方养老保险实际发展状况 ③ 中央财政补贴对地方实际支持力度
	人均基本养老保险财政补贴额	反映受益人群平均每人接受财政补贴的份额	检查受益人群人数的真实性与资金安全
	财政补贴增长率与基金收入增长率	衡量养老保险对财政补贴的依赖程度以及发展趋势	① 基金收入与财政补贴增长率 ② 财政补贴依赖程度与基金自平衡能力

三、基金自平衡能力评估指标体系应用的相关问题

建立基本养老保险自平衡能力评估指标体系是为了判断基本养老保险制度实际运行与发展状况，明确各主体之间的责任边界，从而在政策制定时能够精准施策，顺应基本养老保险制度的发展规律与制度目标。与此同时，通过对自平衡能力指标体系的构建，为加强其能力提供了可能的优化路径与改革方向。因此，需确定正确的评估程序和评估方法，提高评估的可操作性。对基金自平衡能力进行评估目前仍处于起步与探索阶段，仍需要逐步科学完

善。本章通过运用该能力评估指标体系，并以此作为参照，对基本养老保险筹资机制优化路径的合理性与有效性进行检验，作为对该指标体系的应用的一次大胆的探索。

第四节　养老保险基金自平衡能力估计与比较

一、基准情况下养老保险基金自平衡能力估计

为加强数据的可得性、简化相应分类，下文依旧选取我国城镇职工基本养老保险作为评估我基本养老保险自平衡能力的研究对象。结合第3章中的相关内容，考虑到2020年相关数据仍未公布，大部分参数选择2019年数据，部分参数选取2020年数据作为补充，以期于能够更加全面、准确地对现阶段基金自平衡力进行评估。结合前文所构建的基本养老保险基金自平衡能力评估指标体系，考虑到数据收集的便捷性与可能性，部分指标数据选取我国城镇职工基本养老保险相关数据作为替代，进而对我养老保险基金自平衡能力进行估计。

（一）外部性指标

（1）覆盖率。对我国基本养老保险制度而言，其最终目标并不是实现全民覆盖，而是覆盖特定人群，也就是说需要扣除学龄前儿童和在校学生等相关群体，即覆盖率＝基本养老保险参保职工人数/从业人员数。目前，我国基本养老保险覆盖率已由2016年的85%上升至2019年的90%以上，以及2020年的95%以上。2019年城镇职工基本养老保险在职职工参保人数为31 177万人，城镇就业人员为44 247万人，对应的覆盖率为70.46%。

（2）人口老龄化率。老龄化率一般通过老年人口增长率与总人口增长率之比来表示。2019年，我国的老龄化率已经达到12.6%，相比2018年的11.9%，再增0.7个百分点，离14%的深度老龄化门槛越来越近。

（3）制度赡养率。我国2019年城镇职工基本养老保险制度赡养率为39.5%。《人力资源和社会保障事业发展"十三五"规划纲要》要求在

2016—2020年设计出相应的渐进式延迟退休年龄方案。按照该要求，2020年应为按方案进行退休年龄改革的最后期限，且从执行之日起，女性退休年龄每3年延迟1岁，男性退休年龄每6年延迟1岁，直到2045年同时达到65岁。现阶段仍执行男60岁、女干部55岁、女职工50岁的政策。由于制度赡养率水平受退休年龄显著影响，因此随着延迟退休政策的实行，未来赡养率水平也会随之下降。

（二）可持续性指标

（1）缴费水平。2019年全国参加城镇职工基本养老保险在职人员人数为31 177万人，全年城镇职工基本养老保险基金收入52 919亿元，扣除当年财政对企业职工基本养老保险基金的补助5586.45亿元与当年基金投资收益4148.5亿元，缴费收入为43 184.1亿元，人均缴费为13 851.3元，每月人均缴费为1154.3元。

（2）待遇水平。2019年全国参加城镇职工基本养老保险离退休人员人数为12 310万人，基金总支出为49 228亿元，则人均基金支出为39 990.2元。2020年4月，人社部与财政部下发了调整退休人员基本养老金的通知，调整水平为5%，则2020年人均养老保险支出为41 989.8元，平均每月发放的养老金为3499.15元。

（3）累计结余可支付时间。2019年年末基本养老保险基金累计结余为62 873亿元，基金总支出52 342亿元。2020年我国整体人口结构变化平稳且养老金计发标准仍以5%的增长速度稳步上升，在基于2020年基本养老保险基金整体收支水平下，对应累计结余可支付月数为13.16个月。

（4）基金保值增值水平。全球财富管理论坛首季峰会中相关专家指出：截至2019年年末，全国社保基金资产总额2.6万亿元，累计投资收益额1.25万亿元，年均投资率8.15%，因此，对应的基本养老基金的投资收益率也为8.15%。

（三）效率性指标

（1）征缴率。2019年城镇单位就业人员平均工资为90 501元，而人均缴费为13 851.3元，实际费率为15.31%，而2019年名义费率已经降至24%，所以对应的征缴率为63.8%。基本养老保险人均缴费金额占城镇单位在岗职工平均工资比率为 15.31%。

（2）征收成本占基本养老保险征缴收入比重。由于 2019 年起，社保征管职能已经逐步向税务机关转移，所以，取 2018 年社会保险经办机构年度支出作为征收成本的参考值。据 2018 年人力资源社会保障部部门决算数据，社保经办机构年度总支出为 3552.8 万元，其对应比重为 9.15×10^{-4}%。

（3）基金管理成本。人社部决算报告对社会保险业务管理事务支出项的解释为主要用于社会保险业务管理和基金监督方面的支出，因此，本章以此作为基金管理成本，对应 2019 年管理成本为 2433.26 万元。

（四）统筹性指标

（1）调剂金上解与下拨比例：调剂金的上解与下拨比例直接反映调剂制度的实际水平与能力，上解比例变动与下拨政策不仅只针对地区，对全国整体基本养老保险制度的可持续性与自平衡能力均产生影响。

（2）调剂金上解比例与总量。人社部公布数据显示：2019 年，企业职工基本养老保险基金中央调剂比例提高到 3.5%，基金调剂规模为 6303 亿元；2020 年年中财政部公布的数据显示，2020 年中央调剂基金预计达到 7398.23 亿元，比上年执行数增加 1095.23 亿元，增幅达 17.4%。养老保险基金中央调剂的比例已经 4%，调剂金规模达 7400 亿元，跨省调剂 1700 多亿元。

（3）统筹层次。人社部公告显示，截至 2020 年年中，已有 26 个省（区、市）实现规范的省级统筹。现阶段所有省（区、市）已经实现基本养老保险基金的省级统收统支。

（五）补贴性指标

近十年来，我国政府财政每年对基本养老保险的总补贴数见表 7-7。可以发现，从 2010 年开始我国的财政补贴数呈逐年增长态势。

（1）财政补贴占基本养老保险收入比重。2019 年财政对基本养老保险基金的补助总量为 8633 亿元，而基本养老保险收入总量为 57 026 亿元，财政补贴占其比重为 15.1%。

表 7-7　2010—2019 年我国财政对基本养老保险基金的补助

单位：亿元

年份	2010	2011	2012	2013	2014
金额	1 910.4	2 191.7	2 527.3	2 851.4	3 294.7
年份	2015	2016	2017	2018	2019
金额	4 162.3	4 703.4	7 448.7	8 271.4	8 633.0

（2）中央财政补贴占地方基本养老保险收支差额的比率。2019 年，就基本养老金而言，中央对地方转移支付为 7303.79 亿元，而同年基本养老保险当期结余为 4684 亿元，而 2019 年我国财政对基本养老保险基金的总补贴为 8633 亿元，则基本养老保险收支差额为 –3949 亿元，对应比率为 1.85。

（3）人均基本养老保险财政补贴额。2019 年末全国参加基本养老保险人数为 96 754 万人，人均基本养老保险财政补贴为 892.3 元。

（4）财政补贴增长率与基金收入增长率。2019 年与 2018 年比较，财政补贴增长率为 4.2%，基金收入增长率为 3.8%，二者的比率为 110.5%。

二、优化后养老保险基金自平衡能力估计

由于本章针对基金自平衡能力层面的优化主要基于筹资层面，因此能力评价体系中的很多指标都不能产生实际影响，在表 7-8 中均以"—"表示。其中，关于外部性指标中的二级指标覆盖面，在税务机关全责征管的优化条件下，有望实现城镇职工基本养老保险的应保尽保，即覆盖面将接近 100%。关于持续性指标中的二级指标缴费水平，在征缴率达到 78.7% 条件下，人均缴费应等于平均工资、名义费率与征缴率的乘积，在 2019 年名义费率为 24% 的条件下，对应的优化后人均缴费水平为 22 411.92 元。二级指标累计结余可支付时间涉及基金的长期平衡，且需对优化前后基金状况进行综合考虑，因此，本章不对该指标进行评价。效率性指标征缴率在税务机关全责征收的情况下上升至 78.7%。关于征收成本占基本养老保险征缴收入比重指标，本章选取已经全责征收基本养老保险费的浙江省，用该省社保处部门行政支出占省局行政支出比例推算出在税务机关全征模式下税务机关征收社会

保险费的实际成本，进而得出其占基本养老保险征缴收入比重为 4.7×10^{-4}%[1]。统筹性指标中，由于优化后已经实现了养老保险的全国统筹，因此中央调剂金制度的上解比例上升至 100%，统筹层次也由对应的省级统筹上升至全国统筹。补贴性指标中，本书假定财政补贴对于城镇职工基本养老保险的实际职能为兜底职能，即当年补贴的数额等于当期基金收入与支出的差额。因此，通过 2018 年的相关数据推算在优化条件下 2019 年基金的实际走向，则 2019 年基金征缴收入在优化情况下为 83 844.87 亿元，超过了当年的基金支出，因此不需要财政补贴予以兜底，所以对应的指标都为 0。

表 7-8　基准与优化后我国基本养老保险自平衡能力比较分析

一级指标	二级指标	基准情况	优化情况
外部性指标	覆盖面	70.46%	100%
	人口老龄化率	12.6%	—
	制度赡养率	39.5%	—
可持续性指标	缴费水平/城镇单位在岗职工平均工资	人均缴费 13 851.3 元 / 93 383 元	18 949.28 元 /—
	待遇水平	人均养老保险支出为 41 989.8 元（2020 年）	—
	累计结余可支付时间	13.16 个月（2020 年）	—
	基金保值增值水平	投资收益率 8.15%	—
效率性指标	征缴率	63.8%	78.7%
	征收成本占养老保险征缴收入比重	9.15×10^{-4}%	4.7×10^{-4}%
	基金管理成本	2 433.26 万元	—
统筹性指标	调剂金上解比例	4%	100%
	统筹层次	省级统筹（2020 年）	全国统筹

---

[1] 2019 年浙江省税务局预算中，基金征管经费为 4316.91 万元，对应一般公共服务总支出为 28 487 881.9 万元；国家税务总局 2019 年预算中，一般公共服务总支出为 13 304 856.87 万元，按照同比例进行推算，则 2019 年我国对应整体基金征管经费为 2016.15 万元，征缴收入为 42 941.79 亿元。

（续表）

一级指标	二级指标	基准情况	优化情况
补贴性指标	财政补贴占养老保险收入比重	15.1%	0
	中央养老保险财政补贴占地方基本养老保险收支差额的比例	1：1.85	—
	人均养老保险财政补贴额	892.3元	—
	财政补贴增长率与基金收入增长率的比例	1.105：1	0

三、基准情况与优化后养老保险自平衡能力比较分析

基于表7-8数据，可以较为清晰地比较优化我国基本养老保险筹资的3条路径对我国基本养老保险自平衡能力所产生的实际影响。所产生的实际效果重点反映在以下几个二级指标上。

（1）覆盖面。对征缴层面的优化能够促进基本养老保险的全面覆盖，做到应保尽保。现阶段针对征缴层面的影响分析多基于理论层面，缺乏相关数据分析。然而，结合征缴体制改革与降费政策的双向驱动，基本养老保险的全面覆盖是极有可能尽快实现的。覆盖面的提升能够加强基本养老保险的共济性，加强我国基本养老保险的自平衡能力。

（2）缴费水平。征缴层面的优化带来对缴费率的提升，能够增加整体缴费水平，提升人均缴费数额，正向效果明显。但由于在政策模拟优化中，并未反映费率水平的实际变化，未来研究中针对这方面的参数设计仍需要进一步优化。

（3）征缴率。征缴通过前文实证证明，在税务机关全责征管的条件下，能够使征缴率上升至78.7%，基于之前的各地区碎片式的征缴模式所得出的平均征缴率有了较大幅度的提升。

（4）征收成本占基本养老保险征缴收入比重。优化的数值比基准条件下的数值有了较大幅度的缩减。这说明社保经办机构与税务机关就征收的实际

成本收益而言，税务机关的实际成本更低，收益更高，对于基金自平衡能力能够带来一定的提升。

（5）统筹性指标。由于优化情况下已经实现了从基准情况下的省级统筹上升至全国统筹，调剂比例直接上升至100%，实现了统收统支，更有利于基金的调剂分配使用，优化了基金筹资结构，能够促进各地区基本养老保险制度均衡发展。

（6）补贴性指标。在优化条件下，2019年当年基金的征缴收入将超过基金的实际支出，因此，不需要财政补贴进行兜底，所以优化后的基金自平衡能力明显优于基准情况。

综上所述，通过对我国基本养老保险筹资优化路径进行选择与模拟，经过测算，并结合前文所构建判断基金自平衡能力的评估标准，可发现，在我国基本养老保险统筹、税务机关全责征管及费率水平适度调整的条件下，能够在加强我国基本养老保险基金自平衡能力的条件下对当前我国基本养老保险筹资予以优化。

第八章　优化我国基本养老保险筹资机制的政策建议

提升基金自身平衡能力需加快相关配套改革进程。受外部环境与人口老龄化影响，基于稳定养老金支出与减轻财政压力的客观需要，基金自身的平衡能力需进一步提高。基金自平衡能力的提升包含对征缴、统筹等多个层面的优化，是现阶段基本养老保险制度改革的关键。提升基金自平衡能力，需要进一步加强职工养老保险的覆盖面，做到应保尽保，充分发挥保险的共济职能，并应丰富与扩宽筹资来源，填补外部冲击下带来的短时基金缺口。同时，随着征缴体制改革的逐步深化与落实，应充分释放税务机关的征缴能力，做实缴费基数，提升征缴率。此外，还需尽快提升基本养老保险的统筹层次，尽快实现全国统筹。

第一节　明确筹资目标与责任，完善养老保险制度框架

一、理清主体责任，明确受益原则

随着制度的不断发展，我国基本养老保险中各主体责任也在不断变化，其中，政府责任经历由"政府全责承担"到"企业接手、政府责任相对弱化"最后回归到现阶段"多主体共担、政府主导"的过程。权责关系的不断变化，导致目前部分责任不明晰，尤其在顶层制度与法律层面，缺少制度强制性约束，由此，引发了财政供给压力增大、部门权力边界不清楚、监管机制不健全等诸多问题。与此同时，由于我国存在城乡二元化结构，筹资责任的设计应把城乡之间、地区之间的实际差异充分融入制度体系框架内，加强

基本养老保险的公平属性，进而减轻各地区基本养老保险制度"碎片化"的发展程度。基本养老保险应该体现其"保基本"的职能，需充分结合老年人最低生活保障线，在保障国民养老生存需求的同时，构建多支柱养老保险制度以满足不同层次的养老保障需求，并按照事权与支出责任相适应的要求，建立权利与义务相对应、事权与财权相匹配的中央与地方政府责任分担机制。应明确中央政府统一领导养老保险全国统筹工作，负责制定完善养老保险参保范围、缴费比例、缴费基数等参保缴费政策，以及养老金待遇计发、待遇调整等支出政策，负责督促各省级政府落实养老保险工作目标任务，合理确定养老保险事权和支出责任，促进养老保险制度的可持续发展。地方政府应承担本行政区域内企业职工基本养老保险工作的主体责任，负责做好政策执行、参保扩面、基金征缴、待遇核发、经办服务、基金监督以及应由本级政府承担的养老保险基金缺口补助工作。在支出责任方面，建议中央政府承担养老保险制度的转制成本、退休人员的基础养老金支出，调整养老金待遇的大头支出、劳动力净输出省（区、市）的养老金补差支出，地方政府承担个人账户养老金，调整养老金待遇的小头支出。

随着经济与社会的发展以及相关制度的不断完善，政府应逐步降低对市场的影响，对应政策应由微观政策逐步转变为具有统一性与一致性的宏观政策，进而改变地区之间的不平等与差异性，缓解社会矛盾。但由于人口老龄化进程短期不可逆，赡养率不断提升，政府财政补贴必然会随之增加，但对财政补贴的上限应给予清晰的界定，最好以比例的形式予以呈现，明确政府的有限责任。同时，对在养老保险制度变迁中所产生的制度变迁成本，应构建多渠道、多主体共担的补偿机制。当前国有资本划转社保资金的政策就是很好的方式。同时，要深化行政体制改革，实现政府职能向服务型政府转变，形成主动服务型管理模式，即通过对大数据的相关运用，加强信息的管控，完善信息沟通与反馈机制。监管层面，应构建垂直型的管理模式，建立完整的监管问责机制，对相关职能部门加强管控，完善奖惩机制。养老保险应实行属地管理，中央政府仅承担有限责任，通过转移支付和养老保险中央调剂基金进行补助。地方政府是保征收、保发放、保稳定的责任主体，要充分发挥主体作用，落实主体责任。严格执行养老保险政策，落实养老保险资金，统筹使用养老保险补助资金和结余基金，确保养老金的按时足额发放。

二、加强法治建设，完善社会保险法

随着社会保险征收部门的变化，现有的相关法律已经不能适应当前征管制度。为了加强征收过程的合法性、规范性与有效性，有必要进一步完善当前对应的法律法规。按照我国当前相关法律，在税务机关全责征管模式与代征模式下，适用的相关法律并不是税务部门所熟悉的《中华人民共和国税收征管法》，而是对应的《中华人民共和国社会保险法》与《社会保险费征缴暂行条例》，而《中华人民共和国税收征管法》的相关规定并不能适用于征收社会保险费。税务机关信息系统中所掌握的纳税人信息用于征收社会保险费存在法律依据和正当性的问题，因为在《中华人民共和国税收征管法》与《中华人民共和国社会保险法》等相关法律法规中并未给予相应授权。税务机关征收社会保险费的主要法律依据是《中华人民共和国社会保险法》，因此有必要适时修改《中华人民共和国社会保险法》的相关条款并细化相关实施条例，以保障税务机关征收社会保险费使用涉税信息的合法性并有效提升其征收效能。同时，应进一步明确税务部门和社会保险部门在申报、核定和征缴过程中的责、权、利，实现征收和管理过程有法可依。

三、加强基金自平衡能力，提升市场活力

随着全球范围内人口老龄化程度的逐渐加剧，日本与部分欧洲国家为应对基金的支出压力，采取了延迟退休年龄、增费率、降标准等手段，但此类政策降低了各主体的消费与缴费遵从度、削弱了制度信心，甚至诱发了为规避高水平的基本养老保险费缴款所产生的一系列非典型劳动关系。调整政策参数易诱发制度在代际之间的不公平，损害微观主体利益，降低制度的可持续性。现阶段，在一系列外部因素冲击下，整体经济环境较为消极，市场前景尚不明朗，加剧了我国基本养老保险基金的收支压力。因此，通过参数调整的改革方式与路径与当前现状不符，因此需从养老保险制度本身出发，探寻解决的出口。如前文所述，加强基金自平衡能力是对于养老保险制度内部

的优化，能够产生较少的额外负担与成本，是走出当前困境的关键。为加强自平衡能力的提升，需对各方面因素进行综合考虑（涉及经济、政策、文化等多个层次），综合考虑各因素对自平衡能力所产生的实际影响。例如，在提升退休年龄的同时结合征缴体制改革，适当调整费率水平，不仅能够减轻企业负担，还能保持基金的自平衡能力，强化基金精算平衡管理，防范出现收支失衡风险。为了加强基金的可持续性，相应的保险精算与测算工作应做得更加具有针对性，对基金可能的风险状况、中短期和长期运行状况都要有更加清楚的判断与认识。对于外部环境与政策变化，应及时将其纳入测算之中，以便能够更加真实地预估基金实际的运营状况，从而为未来政策的制定提供有效参考。同时，需做好基金的预算工作，以支定收，避免基金对财政补贴的过度依赖，出现收支失衡风险。通过基本养老保险制度内部的改革，并结合外部养老产业发展等方式，可切实保障老年人群退休后生活质量，增进社会的稳定和谐。

第二节　提升养老保险筹资与征管能力

一、加快征缴体制改革，落实税式征管模式

税务机关的全责征管意味着将征收权、管理权统一划归税务机构行使，税务部门将全权负责参保人员的参保登记、信息录入、缴费入账、追缴稽查等一系列工作。在税务部门能够充分履行以上职能的前提下，可以效仿征税工作，积极推进与培养企业与个体的自主申报行为，相信缴费人，向服务型职能转型。随着征缴模式的转变，现有相关政策法规与新的征缴模式存在一定的不适应，为了加强征收工作的规范性、有效性与合法性，税务部门应具备完整的行政权力与执法权力，加强其权威性、强制力与合法性。此外，在进一步完善《社会保险法》《社会保险费征缴条例》等相关法律法规以保证税务部门征收社会保险费使用涉税信息正当性的同时，还应该在《税收征管法》中增设与社保费相关的条款与解释，明确税务部门的职责与权力，进而能够充分释放税收部门的征管优势，尽快提升我国基本养老保险征缴率水

平，提升基金自平衡能力，为进一步降费制造空间。

二、明确部门责任，加强部门间协同共治

在税务部门全责征管的条件下，人社部门与财政部门仍需共同发力，实现税务局统一征管、社会保障部门支付、财政部门监督的新格局。社保机构应积极配合税务机关，做好辅助工作，把部门工作重心转向落实个人账户、待遇计发与基金运营增值等方面，实现工作职能的转变。由于人社部门同时负责就业、养老服务、社会救助等一系列的社会保障工作，从征缴工作中腾出手来，能够更好地着手于养老保险制度的发展与构建。财政部门则执行对应的监督职能，保证基础养老金的资金安全，加强资金的监管，防止出现挪用、贪污等现象的出现。在原先由经办机构征收社会保险费的地区，税务部门要积极介入征缴工作中，尽快熟悉相应工作流程，加强人才队伍的培养。在税务机关代征的地区，税务机关要加强与人社部门的沟通与交流，进一步优化两部门之间的协作机制，加强数据的共享，促进征缴率水平的提升。

结合实际来看，税务机关征缴、社保部门发放养老金，能够真正实现养老金的收支两条线，在流程与程序上为养老金的安全与高效运行提供保障。税务机关全责征管模式以试点改革的形式在部分城市就已进行了初步实践，例如，广州、厦门、宁波等城市已经实行税务部门、人社部门与财政部门协同共治的管理模式，且取得了积极的效果，这些地区征缴率与基金积累水平都处于全国领先水平。该管理模式能够积极调动税收机关征缴积极性，社保部门则以此为契机，向福利支付型部门转型，实现了征缴、服务质量、专业化程度的全面提升。与此同时，部门间职能的交替涉及相应的人事变动，人社部门应向税务机关输入部分的专业人才，同时对税务机关相关人员进行专业化的培训，减少制度变迁所产生的成本，尽快释放税务机关征缴能力，提升缴费水平。

三、实现数据共享，加强信息技术使用

税务部门拥有功能强大征收工具——"金税三期"数据库及更为完善的机构设置与管理流程，征管能力较社保部门优势明显。税务部门能够更加清

楚地掌握企业真实的运营状况，社保费征缴基数和额度可通过升级报税系统"一键生成"，基本可以杜绝企业的逃费行为，这意味着税务部门已完全接管社保机构在征管层面的相关工作，我国养老保险费征收工作已跨入税式时代。

数据是实现自然人有效管理的基础，是打造大数据平台的核心。税务部门亟须会同人社部门加强自然人基础数据采集、利用和融合工作。对相应的信息管理系统，要加快更新频率与升级速度，进而充分实现服务效率的提升、征管成本的降低，构建更加完善的缴费服务体系，方便企业与个人的缴费流程，提升缴费遵从。同时，结合构建"金税工程"相关经验，建立由税务部门与人社部门共同运营的新"金保工程"。为降低成本，税务部门还可以在"金税三期"系统中开发"两险"变更登记相关内容，将缴费人基本资料、缴费级次等变更功能融入接下来即将构建的"金税四期"系统。此外，由于在养老保险费的征缴流程中涉及银行等中间部门，税务机关与银行应加强进一步深化合作的内容与方式，实现确保高效、准确传递信息的同时加强对欠费、逃费等行为的稽查能力。此外，需尽快建立社保大数据信息库，打破部门之间的数据壁垒，实现人社、财政、税务之间的数据共通，推进共享平台建设，实现数据共享、缴费信息实时传递、缴费证明实时打印，全程跟踪基础养老金流向，确保资金从输入到流出的完整性与安全性，打造完整链条的基金监督与保障措施。最后，把社保缴费行为纳入社会信用体系建设之中，增加个体缴费不遵从的成本，促进征缴率水平的提升。

第三节　尽快结束中央调剂金制度，加速养老保险全国统筹

一、加快提升调剂金上解比例，加大调剂力度

需尽快落实当前养老保险的省级统筹，实现同省同待遇同费率，清理、规范基本养老保险缴费政策，落实征缴主体等配套改革，为全国统筹的实现

创造条件，做到五个统一：制度安排统一、缴费比例（费率）与缴费基数统一、待遇政策统一、基金预算（财政补贴）统一、业务规程统一。

在中央调剂金制度中，上解比例是核心指标，是影响调剂金制度、均衡地区收入水平的核心点。在前文提到过，由于调剂金制度是养老保险全国统筹的过渡政策，对应的上解比例越高，则调剂金制度的调剂能力越强，统筹层次越高，共济能力越强。目前，我国部分省（区、市）养老金收支压力巨大，尤其是东北三省，提升上解比例能够有助于改善这部分地区的基金状况。与此同时，由于前文通过改革方案的模拟，证明了尽快实现养老保险的全国统筹对贡献省（区、市）而言，产生的影响在可控范围，不会带来结余赤字，增加地方政府的财政压力。因此，需尽快提升上解比例增速，增强调剂金制度的调剂能力，缓解困难地区养老金支付压力。

二、加强调剂金垂直管理，构建激励机制

前文提到，随着上解比例的提升，对贡献省（区、市）能够产生负激励，因此，需构建一定的激励机制，而激励机制的构建需要一整套的制度安排。对贡献省（区、市）而言，随着上解比例的不断提升，贡献收入也将不断增加，特别是当失去劳动力净流入的情况下，本地基金状况将会恶化。与此同时，随着上解比例的提升，能够缓解受益省（区、市）的基金收支压力，但也容易形成地方养老保险制度发展对外力的依赖，不利于当地保险制度的改革与发展。因此，需要中央政府出面，构建垂直管理体系，科学合理地对调剂金制度进行利用与分配，加强基金利用的科学性、合理性与安全性。同时，调剂金制度上解比例提升的增速必须配合相应政策，在中央调剂金制度中应构建出相应的激励机制，降低所产生的负激励与依赖性，减少制度变迁所产生的成本。对于贡献省（区、市）所产生的负激励效应，要加强监管，结合征缴体制改革，督促该地区征缴工作实现应缴尽缴，具体可通过财政补贴、奖励等形式，激励贡献省保持既定的基金收入水平。对于受益省（区、市），要建立奖惩机制，既要激发当地养老保险制度发展的积极性，逐步缩小地区之间养老保险制度发展的差距，又要保证资金的安全，避免挪用、贪污等行为的产生。中央调剂金制度其实质是中央对地方的一种调控，也是一种博弈，

即形成了一定的委托代理关系。而激励机制的构建是中央政府作为委托人影响代理人——地方政府的重要手段。

三、尽快实现全国统筹，提升公平性与一致性

调剂金制度的最终归宿是实现养老保险的全国统筹，缓解地方政府财政负担，提升政府治理能力与治理水平，但上解比例提升至100%并不能等价于完全实现了养老保险的全国统筹。全国统筹的实现，除了完成对基金的统收统支之外，还要打破当前基本养老保险在各地区碎片化的发展状况，统一费率水平与缴费标准，实现全覆盖与保基本的职能。劳动力的自由流动是市场经济发展的必要产物，年轻劳动力大范围向发达地区流动与老年人口的本地滞留导致了现阶段各省（区、市）之间养老保险制度的分割状况。基本养老保险全国统筹的实现，是促进地区间公平与平等的客观需要。要打破地域之藩篱，提升保险的共济性，构建出一个完整的互利共享的社会保障体系。要充分体现养老保险保基本的制度目标，对于统一的费率水平、缴费基数及计发标准要尽快展开研究，设计出完善的方案，进一步加快与深化改革进程，制定出中长期方案，切实推进政策落地。要改善当前养老制度公平性、统一性、可持续性不足的现状，实现共建共享，互助共济。

第四节 深化推行降费政策，构建多层次养老保险体系

一、深化降费政策，降低企业负担

政府应进一步落实基本养老金缴费率的降费政策。在现阶段，经过几轮降费政策的施行，在我国当前基本养老保险制度体系下，基本养老保险名义费率已经处于较低水平，但由于以往征缴水平不高，企业偷逃养老金的机会成本很大，传统的缴费遵从度不高，参保主体缴费激励不足所产生的惯性导致目前的实际费率仍低于现阶段的名义费率。降费政策的深化能够减缓企业压力，提升企业与员工的缴费遵从，实现扩面与费基的双重优化，进而提升

缴费遵从度以及形成"职场规则"等相应的非正式制度，提升企业少缴、不缴的机会成本，规范缴费行为。同时，对于缴费基数，需制定统一且适宜各地区的基数标准，由以各地区平均工资作为标准逐步过渡至以全国平均工资水平作为标准。此外，为了不增加低收入人群的缴费压力，应配合养老保险全国统筹等相关政策，确定保基本目标下的费率水平与计发标准。有学者提出，在参考最低收入标准的前提下，可将个人缴费基数的最低档调整为当地最低收入，同时还需保证个人扣除缴费之后实际到手工资不得低于最低工资标准，切实降低个人的缴费负担，提升低收入群体的收入水平。费率水平与待遇水平两者之间应构建一个完整的传导机制，这也是养老保险制度可持续的必然要求。在降费工作的实际进程中，对于计发办法也需要进行相应的调整，必须坚持以收定支的基本要求，坚持基金的财务平衡与精算平衡。

二、夯实缴费基数，实现征缴与降费协同发展

基本养老保险费由税务机关全责征管意在规范基本养老保险费缴费行为，增加征收的强制性与征管机构的权威性。征缴体制改革的深入能够真正实现基金的收支两条线，厘清其中相关主体的权责义务，保证基金安全。税务机关全责征管模式能够加强征缴工作的强制力，能够对夯实费基带来极大的促进作用。而做实费基与降低费率所产生的实际效果存在一定程度的对冲，结合当前经济与制度环境，二者效用的抵消能在不增加企业与个人负担的前提下，优化整体费制结构，实现养老保险制度的扩面。尤其对中小微企业而言，其在缴费环节存在一系列的不规范行为，税务机关征缴模式带来了额外的负担与企业压力，在当前经济环境之下，不利于企业的发展与生存。更关键的是，基于基金收支平衡的约束，做实缴费基数为降费政策创造了可行的空间，降低了基金的支出压力，科学地实现了养老保险制度的优化与发展，是制度可持续的必然要求。

现阶段，我国减税降费与简政放权转型逐步深入。截至2019年年底，已陆续6次降低社保费率，降费政策的步伐尚未停止。在很长的一段时间内，我国养老保险制度的发展一定是沿着低费率、强征管、广覆盖、保基本的路径，这是当前经济与制度背景约束下的客观需要，是制度可

持续的必然要求。征缴强制性的加强与费率水平的下调之间存在一定的共生共赢，在今后的征收管理改革中，要进一步明确"宽费基、窄费率"这一基本改革思路，加强征收管理，做实缴费基数，为降低费率争取更大的空间。

三、提升保险覆盖率，加强制度监管

近年来，随着基本养老保险缴费人数逐年扩大，人社部表示，力争实现基本养老保险整体覆盖率达到95%（城市与农村之和），并优化不同险种之间的转换与衔接，促进基本养老保险制度的全面发展。养老保险的扩面有助于增加基金收入，尤其在面临人口老龄化加剧与经济下行等环境时，是缓解当前基金支出压力的重要手段。由于参保人面临缴费年限与法定退休年龄双重约束，新晋参保人员享受养老金待遇具有较长的一段缓冲期，能够减缓当前基金困难。

我国存在城乡二元结构，这导致随着农村劳动力流入城市，部分人群存在参保困难，尤其是农民工群体。对此要加强宣传工作与信息收集，对于参保困难人群要掌握其实际状况，分析不能参保的原因，尽可能地将其全部纳入养老保险制度之中，切实做到全民参保。要在基本养老保险险种之间构建便捷的转换机制，尤其是针对城镇职工养老保险与城乡居民养老保险。由于历史原因，相比城乡居民养老保险而言，城镇职工养老保险实际支付压力更大，且总缴费费率与缴费基数高于城乡居民养老保险，因此，估计有能力的居民由城乡居民养老保险向职工险转换，能够提升基金整体收入，也有利于多险种的逐步融合。

第五节　优化相关制度环境，助力基本养老政策平稳运行

一、完善相关税收优惠政策，提升企业活力

完善相关税收优惠政策，提升企业活力需针对目标群体加大相关税收优

惠力度。对于基本养老保险的缴费主体企业与参保者应采取有针对性与差异性的税收优惠政策,激励与完善其缴费行为。基本养老保险的属性要求其具有尽可能大的覆盖面,并能够为广大的低收入者提供基本的养老保障职能,而通过给企业与个人提供一定的税收优惠,能够激励各主体的缴费行为,增加缴费遵从度。同时,税收优惠政策应对于基本养老保险多层次的构建给予更多的帮助,能够分担政府的养老责任,减轻社会养老保险的压力。从西方国家资本市场发展的客观经验上来看,稳定且充足的资金来源是市场经济繁荣的重要前提。以美国为例,企业年金"401K 计划"自 20 世纪 80 年代初开始实施后,推动了美国保险与基金行业的发展,带来了当时资本市场的繁荣。就我国而言,截至 2020 年 6 月,已有 22 个省(区、市)签署基本养老保险基金委托投资合同,累计到账资金 9482 亿元,但仍需进一步扩大委托比例与范围。对基本养老基金的多元化投资不仅能提升基金的营利能力,提升消费者的投资意向,还能在合理的风险把控与监督机制之下,实现保险与投资的共赢。而基本养老基金多元化投资的实现需要税收优惠政策予以助力方能实现。

二、加大财政补贴助力,落实六保六稳政策

一系列外部因素给当前经济环境带来了不利影响。而企业不仅是我国基本养老保险中的重要主体,还是经济复苏与发展的动力来源,保住企业才能够夯实费基、开源节流。现阶段,为推进疫情后的经济恢复,稳定就业,帮助企业渡过难关,需继续深化积极有为的财政政策,优化营商环境。同时,为填补疫情冲击产生的当期收支差距,在短期内可阶段性地提升针对基本养老金的财政补贴,增强企业与职工的制度信心。需结合当前经济与社会环境,充分研判养老保险运行风险,通过加强基本养老保险费征缴、划转国有资本、财政预算安排等方式,多渠道筹措资金,扩大基金规模,提升基金抗风险能力,建立养老保险战略储备基金,为应对人口老龄化做好准备。须按照精算平衡的要求编制基本养老保险基金中长期收支规划,研究制订本地区基金运行风险预警机制和应对预案。

稳定的资金来源是社会养老保险制度良性发展的基础,合理的财政补贴

与调节机制是其可持续运行的关键所在。在当前环境下，面临一系列负面外部因素与现阶段基金自平衡整体不足，仍需政府通过财政补贴予以助力。由于制度在变迁与转轨中会产生相应的成本，而基金自平衡体系的构建需要一系列的配套制度与安排，因此需要政府继续通过财政补贴、转移支付等形式支持基本养老保险筹资机制的优化，这也是社会保险制度发展的客观规律与要求。现阶段所施行的国有资本划拨充实社保基金等相关政策为养老保险基金支出提供了新助力。

三、落地延迟退休政策，缓解基金压力

基本养老保险基金支出取决于退休参保人数，对地方而言，退休人数越多，制度赡养压力越大，基金所需支出总量也就越多。由于人口老龄化的现象并不局限于单一地区，在全国乃至全球范围内均普遍存在，因此，仅从制度内部调整是远远不够的，适当的参数调整是必须的。在参数调整改革中，相比降低养老金待遇水平，延迟退休是更好的选择，因为可以同时实现基金的增收与减支。相关研究成果显示，在对应时间区间内，退休年龄每延迟1年，对应的基金支出可减少160亿元，收入可增加40亿元。结合相关国际经验，一般对于延迟退休计划的设计采取弹性退休的方式，结合对应的法定退休年龄设定弹性退休的相应区间，且退休年龄将与待遇水平挂钩，给予参保者一定的自主选择权。参保者可以结合自身身体健康状况与收入水平选择是否继续参保，既满足了个体多样化的需求，又促进了基金的收支平衡。

延迟退休计划在部分国家早已试行，其中，丹麦已将退休年龄延长至62岁，且未来还将进一步延后。日本作为人口老龄化最严重的国家之一，已经实行了几轮延迟退休计划，未来可能延迟至70岁。对于我国而言，延迟退休政策同样适用。《人力资源和社会保障事业发展"十三五"规划纲要》提出了进行退休年龄改革的计划，2020年就已经达到该方案执行的最后期限，该政策的施行已迫在眉睫。

参 考 文 献

[1] Pigou A C.The Economics of Welfare[M].London：Macmillan，1982.

[2] Keynes J M.The general theory of employment，interest and money [M].London：Palgrave Macmillan，1936.

[3] Beveridge W.Social insurance and allied services [M].London Hmso，1995.

[4] 张利平.论社会保障中的政府责任 [J].公共管理科学，2005（2）：35-37.

[5] 郑功成.中国社会保障改革与未来发展 [J].中国人民大学学报，2010（5）：2-14.

[6] 倪志良，赵春玲.我国社会保障改革的困境与政府责任缺失的相关分析 [J].内蒙古大学学报（人文社会科学版），2007（6）：83-88.

[7] 苏春红.和谐社会目标下中国社会保障体系中的政府责任 [J].税务与经济，2008（4）：29-32.

[8] 曹春.社会保障筹资机制改革研究 [D].北京：财政部财政科学研究所，2012.

[9] 景鹏，胡秋明.生育政策调整、退休年龄延迟与城镇职工基本养老保险最优缴费率 [J].财经研究，2016（4）：26-37.

[10] Martin Feldstein.The Optimal Level of Social Security Benefits [J].The Quarterly Journal of Economics，1985（2）：303-320.

[11] 朱楠.关于农村社会保障的责任主体分析 [J].商洛学院学报，2007（9）：91-93.

[12] 周惠萍.农村养老保险歧义问题再分析 [J].经济问题，2008（5）：94-97

[13] 张金峰.政治关联、政府补助与企业创新行为的关系研究——基于寻租理论的分析 [D].吉林长春：吉林大学，2017.

[14] 贾海彦，张红凤。基于产权约束的基层养老服务资源优化配置研究 [J].中央财经大学学报，2016（1）：16-22.

[15] 白维军.巴西农村公共养老金计划及对我国新农保的借鉴意义 [J].科学社会主义，2010（4）：146-149.

[16] 汪润泉，鲁於，杨翠迎.养老保险降费何以可能？——基金平衡视角下的精算分析 [J].人口与发展，2019（4）：23-33.

[17] 杨再贵，石晨曦.中国城镇企业职工统筹账户养老金的财政负担 [J].经济科学，

2016（2）：42-52.

[18] 熊伟，张荣芳.财政补助社会保险的法学透析：以二元分立为视角[J].法学研究，2016（1）：110-126.

[19] 石晨曦.企业职工统筹账户自平衡性与财政负担[J].求实，2018（3）：45-57.

[20] 徐怡哲.《社会保险法》的实施亟需社会保险"费改税"[J].税务研究，2011（3）：87.

[21] 庞凤喜.社会保障缴款"税"、"费"形式选择中若干问题辨析——兼与郑秉文研究员商榷[J].财政研究，2011（10）：68-71.

[22] 史正保，李智明.论费改税视角下我国社会保障税的开征[J].西北人口，2014（2）：105-109.

[23] 郑功成.社会保障中的费改税及养老保险问题[J].经济研究参考，2001（31）：38.

[24] 邓子基.关于养老保险制度改革的几点认识[J].财经论丛，2002（1）：18-22.

[25] 郑秉文，房连泉.社会保障供款征缴体制国际比较与中国的抉择[J].公共管理学报，2007（4）：1-16.

[26] 黎洁，李明明，刘俊.开征社会保障税的经济效应分析[J].商业时代，2007（9）：1.

[27] 薛惠元.城乡居民养老保险制度六题待解[J].中国社会保障，2012（6）：34-35.

[28] 易菲龙，朝阳.社会保障费改税利弊的理性思考[J].湘潭大学学报（哲学社会科学版）.2011（4）：25-28.

[29] 胡鞍钢.利国利民、长治久安的奠基石——关于建立全国统一基本社会保障制度、开征社会保障税的建议[J].改革，2001（4）：12-18.

[30] 卢成会，吴丽丽.社会养老保险基金筹资风险的规避研究[J].江汉论坛，2016（3）：17-22.

[31] 郭林，丁建定.试论中国养老保险制度筹资体系的优化[J].教学与研究，2013（8）：13-20.

[32] 李琼，刘庆，吴兴刚.互联网对我国保险营销渠道影响分析[J].保险研究，2015（3）：24-35.

[33] 封铁英.以需求为导向的新型农村社会养老保险筹资规模测算——基于区域经济发展差异的筹资优化方案设计[J].中国软科学，2012（1）：65-82.

[34] 焦津强. 中国养老保险筹资机制改革研究 [D]. 北京：中国社会科学院，2017.

[35] 白维军，童星. "稳定省级统筹，促进全国调剂"：我国养老保险统筹层次及模式的现实选择 [J]. 社会科学，2010（5）：91-97.

[36] 郑功成. 中国社会保障演进的历史逻辑 [J]. 中国人民大学学报，2014（1）：2-12.

[37] 陈元刚，李雪. 基本养老保险实现全国统筹的理论支撑与实践操作 [J]. 重庆社会科学，2012（7）：19-25.

[38] 李连芬，刘德伟. 我国基本养老保险全国统筹的动力源泉与路径选择 [J]. 财经科学，2013（11）：34-43.

[39] Zaglmayer, Schoukens, Pieters P.Cooperation Between Social Security and Tax Agencies in Europe[J].lbn Center for the Business of Goverranent [J].2005（3）：310-320.

[40] 杨文秀. 加入 WTO 对我国社会保障的影响 [J]. 兰州商学院学报，2003（1）：105-107.

[41] 焦东瑞. 我国社会保障费的现状及发展趋势 [J]. 经济师，2005（4）：18-19.

[42] 袁艳红. 社会保险费征收主体的选择 [J]. 经济经纬，2008（2）：159-161.

[43] 刘军强. 资源、激励与部门利益：中国社会保险征缴体制的纵贯研究（1999—2008）[J]. 中国社会科学，2011（3）：139-156.

[44] 庞凤喜，贺鹏皓，张念明. 基础养老金全国统筹资金安排与财政负担分析 [J]. 财政研究，2016（12）：38-49.

[45] 路锦非. 合理降低我国城镇职工基本养老保险缴费率的研究——基于制度赡养率的测算 [J]. 公共管理学报，2016（1）：128-140.

[46] 张斌，刘柏惠. 社会保险费征收体制改革研究 [J]. 税务研究，2017（12）：15-19.

[47] 张鹏飞，陶纪坤. 全面二孩政策对城镇职工基本养老保险收支的影响 [J]. 人口与经济，2017（1）：104-115.

[48] 汪德华. 税务部门统一征收社会保险费：改革必要性与推进建议 [J]. 学习与探索，2018（7）：103-110.

[49] 张雷. 社会保险费征收体制的效率比较分析 [J]. 社会保障研究，2010（1）：24-28.

[50] 鲁全. 中国养老保险费征收体制研究 [J]. 山东社会科学，2011（7）：110-115.

[51] 穆怀中，宋丽敏. 农民工养老保险统筹收入再分配研究 [J]. 经济理论与经济管理，

2014（1）：5-15.

[52] 贾洪波，方倩.基础养老金省级统筹到全国统筹再分配效应的比较静态分析[J].保险研究，2015（1）：100-111.

[53] 何文炯，杨一心.职工基本养老保险：要全国统筹更要制度改革[J].学海，2016（2）：58-63.

[54] 邓大松，程欣，汪佳龙.基础养老金全国统筹的制度性改革——基于国际经验的借鉴[J].当代经济管理，2018（6）：89-97.

[55] 高和荣，薛煜杰.基本养老保险全国统筹面临的挑战及其应对[J].华中科技大学学报（社会科学版），2019（1）：29-34.

[56] 宋文甫，张霜露.实现养老保险全国统筹需要着力解决几个突出问题[J].四川劳动保障，2019（2）：30.

[57] 王胜谦.我国基本养老保险的筹资问题[J].财政研究，2006（11）：22-24.

[58] 白维军，童星."稳定省级统筹，促进全国调剂"：我国养老保险统筹层次及模式的现实选择[J].社会科学，2011（5）：91-97.

[59] 徐淼，米红.养老保险统筹基金"从全国调剂到全国统筹"方案的政策仿真[J].中国社会保障，2014（8）：36-37.

[60] 郑功成.从地区分割到全国统筹——中国职工基本养老保险制度深化改革的必由之路[J].中国人民大学学报，2015（3）：2-11.

[61] 杨继军，孙冬，范兆娟.养老金体系改革的地区分割及其对经济动态效率的影响[J].财政研究，2019（4）：79-89.

[62] 房连泉，魏茂淼.基本养老保险中央调剂制度未来十年的再分配效果分析[J].财政研究，2019（8）：86-98.

[63] 张沛文，杜妍冬.基本养老保险全国统筹：动力、阻力与实现路径[J].地方财政研究，2019（5）：97-101.

[64] 林毓铭.体制改革：从养老保险省级统筹到基础养老金全国统筹[J].经济学家，2013（12）：65-72.

[65] 魏升民，向景，马光荣.基本养老保险中央调剂金的测算及其潜在影响[J].税收经济研究，2018（6）：1-5.

[66] 石晨曦，曾益.破解养老金支付困境：中央调剂制度的效应分析[J].财贸经济，

2019（2）：52-65.

[67] 薛惠元, 张寅凯. 基于基金收支平衡的城镇职工基本养老金调剂比例测算 [J]. 保险研究, 2018（10）：114-127.

[68] 郭秀云, 邵明波. 养老保险基金中央调剂制度的省际再分配效应研究 [J]. 江西财经大学学报, 2019（3）：73-84.

[69] 裴育, 史梦昱, 贾邵猛. 地区养老发展差异下的中央调剂金收付研究 [J]. 河北大学学报（哲学社会科学版）, 2019（4）：62-71.

[70] Samuelson P A.Optimum social security in a life-cycle growth model[J].International Economic Review, 1975, 16（3）：539-544.

[71] Feldstein. Realizing the Potential of China's Social Security Pension System [M]. China Economic Times 2006, 2004.

[72] Fanti L, Gori L. Increasing RAYG pension benefits and reducing contribution rates [J]. Economic Letters, 2010（2）：81-84.

[73] 李珍. 基本养老保险制度分析与评估——基于养老金水平的视角 [M]. 北京：人民出版社, 2013.

[74] 王鉴岗. 养老保险收支平衡及影响因素分析 [J]. 人口学刊, 2000（2）：9-14.

[75] 高建伟. 中国基本养老保险基金缺口模型及其应用 [J]. 系统工程理论方法应用, 2006（1）：49-53.

[76] 展凯. 中国社会保障基金的平稳增长路径 [J]. 财经理论与实践, 2008（3）：30-33.

[77] Bailey C, Strateges to Reduce Contribution Evasion in Social Security Financing [J]. World Development, 2001, 385.

[78] 杨俊, 龚六堂. 国有资本收入对养老保险的划拨率研究 [J]. 金融研究, 2008（11）：46-55.

[79] 白重恩, 吴斌珍, 金烨. 中国养老保险缴费对消费和储蓄的影响 [J]. 中国社会科学, 2012（8）：48-71.

[80] 高彦, 杨再贵. 个人账户实有资产率与消费和养老金 [J]. 消费经济, 2014（2）：3-7.

[81] 马双, 孟宪芮, 甘犁. 养老保险企业缴费率对员工工资、就业的影响分析 [J]. 经济学（季刊）, 2014（3）：969-1000.

[82] 苏中兴.基本养老保险费率:国际比较、现实困境与改革方向[J].中国人民大学学报,2016(1):20-27.

[83] 杨再贵.中国养老保险新制度与社会统筹养老金和个人账户本金[J].中国人口科学,2007(4):74-79.

[84] 蒋筱江,王辉.养老保险基金收支平衡的影响因素分析[J].金融研究,2014(S1):34-36.

[85] 封进.社会保险对工资的影响——基于人力资本差异的视角[J].开发研究,2009(7):109-123.

[86] 穆怀中,陈洋,陈曦.基础养老保险缴费率膨胀系数研究[J].经济理论与经济管理,2015(12):44-54.

[87] 赵静,毛捷,张磊.社会保险缴费率、参保概率与缴费水平——对职工和企业逃避费行为的经验研究[J].经济学(季刊),2016(1):341-372.

[88] 边恕.基于消费水平稳定的养老金适度缴费率研究[J].理论界,2007(8):79-80.

[89] 孙雅娜,边恕,穆怀中.行业收入差异的养老保险最优企业缴费率的分析[J].人口与经济,2009(5):91-96.

[90] 柳清瑞,王虎邦,苗红军.城镇企业基本养老保险缴费率优化路径分析[J].辽宁大学学报(哲学社会科学版),2013(6):99-107.

[91] 康传坤,楚天舒.人口老龄化与最优养老金缴费率[J].世界经济,2014(4):139-160.

[92] 陈曦,穆怀中,范璐璐.延迟退休的养老保险缴费率地区差异收敛效应研究——基于供给侧改革降费率视角[J].人口与发展,2017(4):2-10.

[93] 陆满平.降低社保缴费率只是权宜之计[J].新财经,2009(3):56-57.

[94] 孙永勇,李娓涵.从费率看城镇职工基本养老保险制度改革[J].中国人口科学,2014(5):67-78.

[95] 张锐,刘俊霞.职工基本养老保险缴费率下调空间研究——基于省级面板数据[J].经济经纬,2018(1):138-145.

[96] 潘常刚.营改增的居民福利与公平效应研究——基于可计算一般均衡模型的实证分析[J].税务研究,2018(3):51-57.

[97] 杨翠迎,汪润泉,程煜.费率水平、费率结构:社会保险缴费的国际比较[J].经济

体制改革, 2018 (2): 152-158.

[98] 杨燕绥, 张弛. 养老金并轨促行政体制改革 [J]. 中国行政管理, 2015 (2): 21-23.

[99] 郑秉文. 中国养老金精算报告2019-2050[M]. 北京: 中国劳动社会保障出版社, 2019.

[100] 郑秉文. 社会保险降费与规范征收: 基于公共政策分析的思考 [J]. 税务研究, 2019 (6): 3-9.

[101] 秦立建, 胡波, 苏春江. 对社会保险费征管的公共政策外部性理论审视: 基于中小企业发展视角 [J]. 税务研究, 2019 (1): 17-20.

[102] 曾益, 李殊琦, 李晓琳. 税务部门全责征收社保费对养老保险缴费率下调空间的影响研究 [J]. 财政研究, 2020 (2): 96-112.

[103] 李波, 苗丹. 我国社会保险费征管机构选择——基于省级参保率和征缴率数据 [J]. 税务研究, 2017 (12): 20-25.

[104] 彭雪梅, 刘阳, 林辉. 征收机构是否会影响社会保险费的征收效果?——基于社保经办和地方税务征收效果的实证研究 [J]. 管理世界, 2015 (6): 63-71.

[105] 金银凤, 史梦昱. 中央调剂金制度对地区养老保障发展状况影响研究 [J]. 财经论丛, 2019 (12): 35-43.

[106] 杨俊. 职工基本养老保险制度财务影响因素研究——以全国统筹背景下的社会统筹制度为对象 [J]. 中国人民大学学报, 2015 (3): 12-17.

[107] 邹丽丽, 李姗姗, 果婷. 地区发展差异下养老保险统筹层次提升的对策研究 [J]. 辽宁大学学报 (哲学社会科学版), 2017 (2): 46-54.

[108] 范维强, 刘俊霞, 杨华磊. 中央调剂金制度的效果评估与制度优化研究 [J]. 上海经济研究, 2020 (5): 96-109.

[109] 邓大松, 杨晶. 全国统筹条件下城镇职工养老保险统筹基金的精算评估 [J]. 中国地质大学学报 (社会科学版), 2018 (5): 133-143.

[110] 陈曦. 养老保险降费率、基金收入与长期收支平衡 [J]. 中国人口科学, 2017 (3): 55-69.

[111] 王国洪, 张君, 杨翠迎. 降低养老保险费率会导致养老金收不抵支吗?——基于2001-2015年中国31个省级面板数据的分析 [J].2020 (3): 138-144.

[112] 王翠琴, 田勇, 薛惠元. 基于基金收支平衡的城镇职工养老金调整方案设计

[J]. 统计与信息论坛，2016（6）：77-85.

[113] 李建伟. 我国劳动力供求格局、技术进步与经济潜在增长率 [J]. 管理世界，2020（4）：96-113.

[114] 杨再贵. 现阶段背景下企业职工基本养老保险最优缴费率与最优记账利率研究 [J]. 华中师范大学学报（人文社会科学版），2018（1）：55-64.

[115] 贾洪波，温源. 基本养老金替代率优化分析 [J]. 中国人口科学，2005（1）：81-87.

[116] 郝勇，周敏，郭丽娜. 适度的养老保险保障水平：基于弹性的养老金替代率的确定 [J]. 数量经济技术经济研究，2010（8）：74-87.